초등생 중등생 모두를 위한 엔트리 게임·인공지능 게임 코딩북!

3판 최신 개정판

만들면서 배우는
40개의 엔트리 게임 + 인공지능 게임

엔트리·인공지능 게임을 만들면서 자연스럽게 논리력과 창의력을 키울 수 있다!

- 최신 기능 작품 추가
- 저자 직강 **동영상** 40강 제공
- 학교/학원 방과 후 교재로 OK!
- 동영상 강의 듣고 혼자 학습도 OK!

만들면서 배우는
40개의 엔트리 게임 + 인공지능 게임

3판 1쇄 발행 | 2025년 08월 25일

지은이 | 전진아, 김수연 공저
펴낸이 | 김병성
펴낸곳 | 앤써북

출판사 등록번호 | 제 382-2012-0007 호
주소 | 경기도 파주시 탄현면 방촌로 548
전화 | 070-8877-4177
FAX | 031-942-9852
도서문의 | 앤써북 http://answerbook.co.kr

ISBN | 979-11-93059-60-9 13000

- 이 책의 일부 혹은 전체 내용을 무단 복사, 복제, 전재하는 것은 저작권법에 저촉됩니다.
- 본문 중에서 일부 인용한 모든 프로그램은 각 개발사(개발자)와 공급사에 의해 그 권리를 보호합니다.
- 앤써북은 독자 여러분의 의견에 항상 귀기울이고 있습니다.

[안내]
- 이 책은 다양한 전자 부품을 활용하여 예제를 실습할 수 있습니다. 단, 전자 부품을 잘못 사용할 경우 파손 외 2차적인 피해가 발생할 수 있으니, 실습 시 반드시 책에서 표시된 내용을 준수하여 사용해야 함을 고지합니다.
- 이 책에 내용을 기반으로 실습 및 운용 결과에 대해 저자, 소프트웨어 개발자 및 제공자, 앤써북 출판사, 서비스 제공자는 일체의 책임지지 않음을 안내드립니다.
- 이 책에 소개된 회사명, 제품명은 각 회사의 등록 상표 또는 상표이며 본문 중 TM, ⓒ, ® 마크 등을 생략하였습니다.
- 이 책은 소프트웨어, 플랫폼, 서비스 등은 집필 당시 신 버전으로 설명하였습니다. 단, 독자의 학습 시점에 따라 책의 내용과 일부 다를 수 있습니다.

[저작권 안내]

엔트리는 네이버 커넥트 재단에서 만든 비영리 소프트웨어 교육플랫폼입니다.
본 책은 엔트리에서 제공하는 로고와 캐릭터를 사용하여 제작하였습니다.
이 책의 표지 및 본문 그리고 책의 부속물인 동영상에 사용된 엔트리 오브젝트, 블록 이미지의 저작권은 네이버 커넥트 재단에 있음을 안내드립니다.
Copyright ⓒ NAVER Connect Foundation. Some Rights Reserved

[이 책의 40개 작품 구성 안내]

이 책은 게임을 만들기 위한 다양한 요소들을 이해하고 적용할 수 있게 돕는 작품, 게임에 활용할 인공지능 사용을 익히고 더 나은 세상을 만들기 위한 스토리가 있는 작품, 제한 시간과 점수로 게임의 즐거움과 몰입도를 높이는 작품 등 게임을 만들기 위한 능력을 키우는 데 도움이 될 40개의 작품으로 구성되어 있습니다.

머리말

인공지능에 의해 빠르게 변화하는 세상 속에서 교육, 문화, 의료 등 거의 모든 영역에서 인공지능은 필수 기능이자 떼려야 뗄 수 없는 주요 기능으로 우리와 함께하고 있습니다. 모든 인간은 인공지능 앞에서 평등하지만 인공지능을 활용하는 능력은 개인에 따라 달라질 수 있습니다. 인공지능은 어떻게 질문하고 어떻게 활용하느냐에 따라 완전히 다른 결과를 가져옵니다. 질문을 잘하고 인공지능을 능숙하게 다루는 능력은 미래 인재가 갖춰야 하는 최우선 역량이 될 것입니다.

우리는 상상한 것을 구체화 시키고, 공유하고 싶은 것을 만들어내기 위해 엔트리를 활용합니다. 인공지능 기능을 활용한다면 더 쉽고 더 재밌게 우리의 상상을 실현하고, 삶을 편리하게 하는 다양한 아이디어를 만들 수 있는 경험을 할 것이고, 게임 만들기의 매력적인 세계로 뛰어들다 보면 스스로 생각하고 창의적인 게임 제작을 경험할 수 있습니다.

인공지능의 물결 앞에서 수동적인 자세로 받아들이는 것이 아니라 인공지능을 이해하고, 직접 만들고 디버깅하는 과정을 통해 인공지능을 활용한 또 다른 변화를 만들어 낼 수 있을 것입니다.

40개의 엔트리 게임+인공지능 게임 만들기를 통해 인공지능, 게임 만들기에 대한 지식을 넓히는 데 도움이 되기를 바라며 흥미로운 미래를 만들어 가기 위한 여행에서의 좋은 친구가 되기를 기대합니다.

김수연 작가

이 책은 게임을 만들기 위한 다양한 요소들을 이해하고 적용할 수 있게 돕는 작품, 게임에 활용할 인공지능 사용을 익히고 더 나은 세상을 만들기 위한 스토리가 있는 작품, 제한 시간과 점수로 게임의 즐거움과 몰입도를 높이는 작품 등 게임을 만들기 위한 능력을 키우는 데 도움이 될 40개의 작품이 수록되어 있습니다.

 이 책을 통해 인공지능을 이해하고 게임 만들기에 대한 지식을 넓히는 데 도움이 되기를 바래봅니다. 또한 스스로 생각하고 창의적인 게임을 제작해 보면서 미래 사회를 살아가기 위해 꼭 필요한 코딩 능력을 키워나가기를 기대합니다.

전진아 작가

Reader Support Center
독자 지원 센터

독자 지원 센터는 책 소스 파일, 부록 PDF 파일, 독자 문의 등 책을 보는데 필요한 사항을 지원합니다. 앤써북 공식 카페에서 [카페 가입하기] 버튼을 눌러 간단한 절차를 거쳐 회원가입 후 독자 지원 센터를 이용할 수 있습니다.

[책 소스, 정오표 파일] 다운로드 받기/독자문의

이 책과 관련된 실습 소스(작품 완성 전체코드) 및 정오표 파일은 앤써북 카페에 접속한 후 [도서별 독자 지원 센터]–[40개의 엔트리 게임 & 인공지능 게임] 게시판을 클릭합니다. "〈만들면서 배우는 40개의 엔트리 게임 인공지능 게임〉 책 소스, 정오표입니다." 게시글을 클릭한 후 안내에 따라 다운로드 받으시면 됩니다.

이 책과 관련된 궁금한 내용은 앤써북 공식카페에서 질문과 답변 받을 수 있습니다.

질문하기 위해서 [도서별 독자 지원 센터]–[만들면서 배우는 40개의 엔트리 게임 인공지능 게임] 게시판을 클릭합니다. 우측 아래의 [글쓰기] 버튼(❸)을 클릭한 후 제목에 다음과 같이 "[문의] 페이지수, 질문 제목"을 입력하고 궁금한 사항은 아래에 작성 후 [등록] 버튼을 클릭하여 등록합니다.

▶ 앤써북 네이버 카페 : https://cafe.naver.com/answerbook
▶ 책 전용 게시판 바로가기 주소 : https://cafe.naver.com/answerbook/menu/215

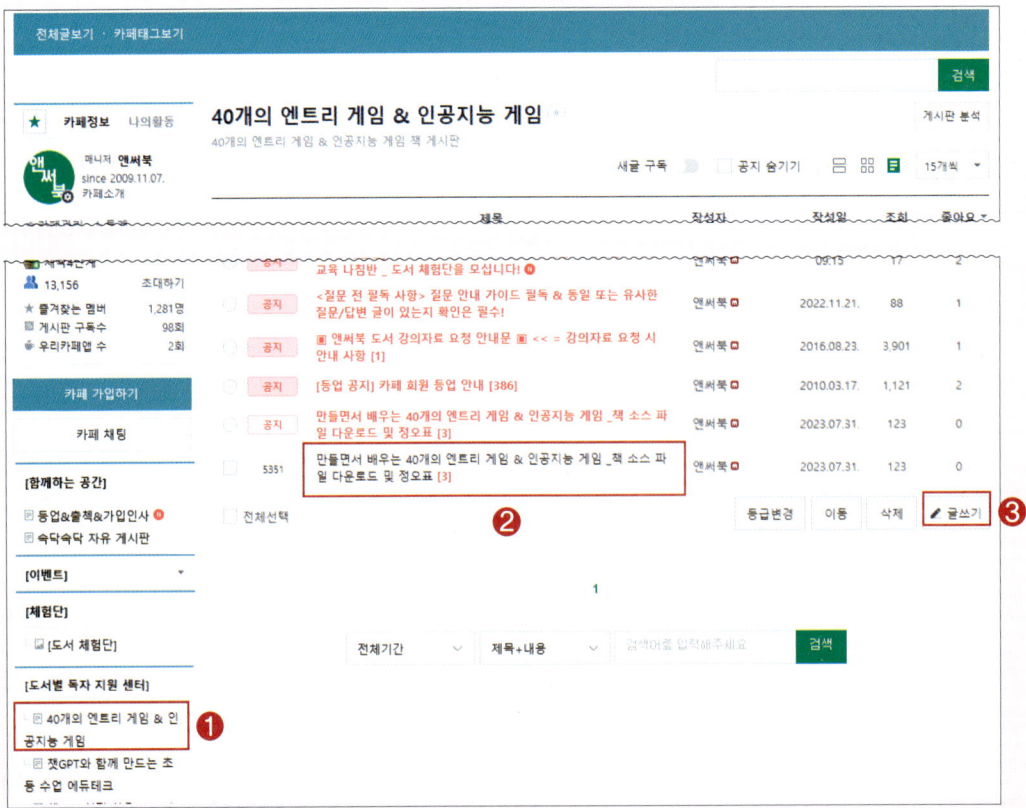

이 책의 구성 요소와 특징

작품명 : 40개의 게임 작품을 5가지 특징으로 분류하여 번호와 색상으로 표시하였습니다.

난이도 & 주요기능 : 각 작품의 난이도를 별 5개로 구분하였고, 작품에 사용된 주요 기능을 표시하였습니다.

학습 목표 : 각 작품마다 공부할 내용을 간단하게 요약해서 미리 볼 수 있게 하였습니다.

작품 미리보기 QR코드 : QR코드를 통해 만들 작품 결과를 미리 확인할 수 있게 하였습니다.

작품 계획하기 : 어떤 작품을 만들지 전체적으로 미리 계획을 세워볼 수 있습니다.

작품 만들기 QR코드 : QR코드를 통해 저자 동영상 강의 보면서 40개의 작품을 모두가 따라 만들 수 있도록 구성하였습니다.

작품 따라하기 : 모든 작품은 알기 쉽게 주제로 구분하여 따라하기 방식으로 친절하게 설명하였습니다.

이 책의 작품 미리보기

작품 01	작품 02	작품 03
로봇 강아지 훈련 시키기	파이어 드레곤	미사일 쏘기

작품 04	작품 05	작품 06
폭탄 떨어뜨리기	자동차 조종하기	스케이트를 타요

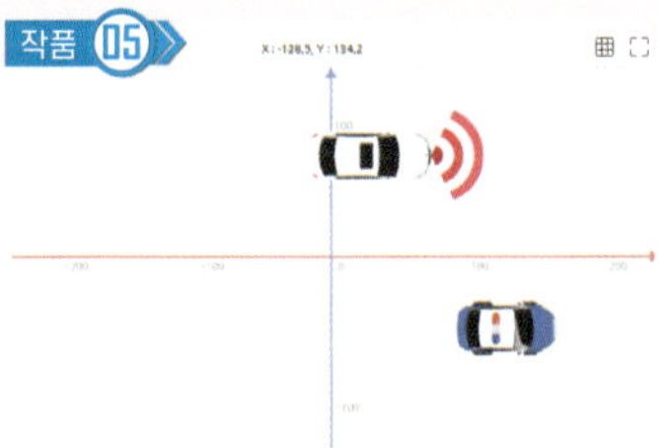

작품 07	작품 08	
모양 변하는 아이템	헌 집 줄께, 새 집 다오	

작품 09	작품 10	작품 11
점프! 점프!	터지는 효과 모음	번개를 피해라

작품 12		작품 13
골을 피해라		미션! 물 폭탄을 터트려라!

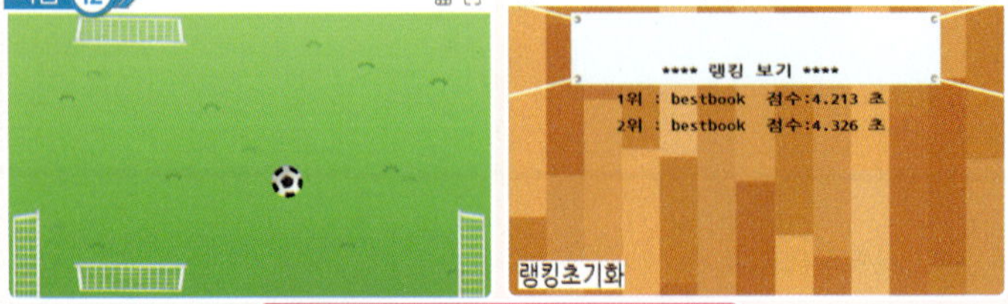

작품 14 - 팅겨팅겨! 볼게임

작품 15 - 거미를 피해라

작품 16-1 - 돈벌기 게임 LEVEL 1

작품 16-2 - 돈벌기 게임 LEVEL 2

작품 17 - 좀비를 물리쳐라

작품 18 - 한국의 엔트돌 박수 댄스

작품 19 - 코로 조종하는 전투기 게임

작품 20 - 소리로 홈런치기

작품 21 - 미션! 보물선에 보물을 담아라!!

작품 22 - 사물을 찾아라!

작품 23 - 펀치로 스트레스 풀기

작품 24 - 식인 나무를 뽑아 놀이공원 지키기

작품 25 - 축구 헤딩 연습

작품 26 - 2인용 어깨 권투게임

이 책의 작품 미리보기

작품 27 — 소리로 하는 점프 게임

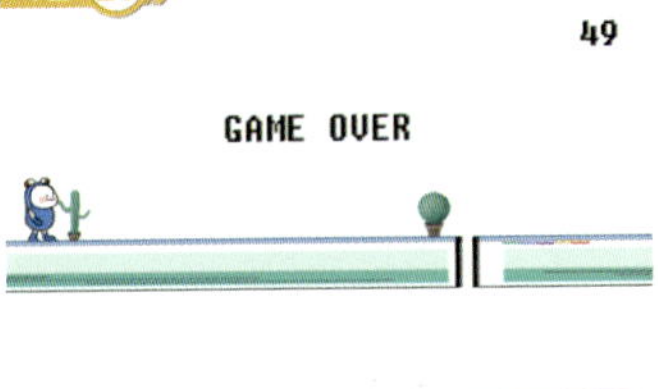

작품 28 — 운동하며 좀비 피하기 게임

작품 29 — 무궁화 꽃이 피었습니다

작품 30 — OX퀴즈로 나무 키우기

작품 31 — 사슴벌레 키우기

작품 32 — 지구에 나무를 심고 깨끗한 도시 만들기

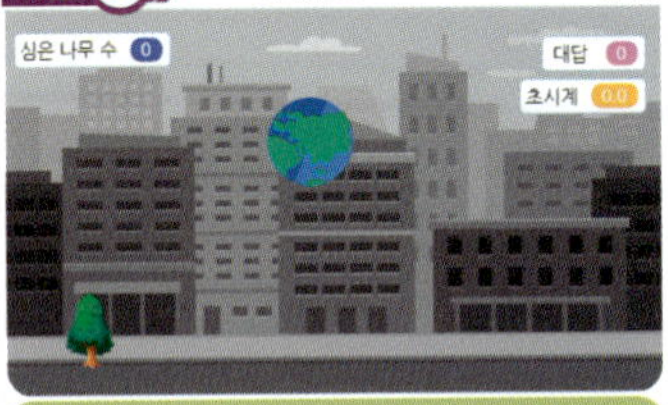

작품 33 — 마음의 벽을 허물고 행복한 세상을 만들어요

작품 34 — 나에게 하는 말로 자존감 높이기

작품 35 — 편식 없이 음식먹기

작품 36 — 플로깅 게임

작품 37 — 칭찬하면 고래도 춤을 춰요

작품 38 — 세계 대륙 퍼즐 맞추기

작품 39 — 타자 연습게임

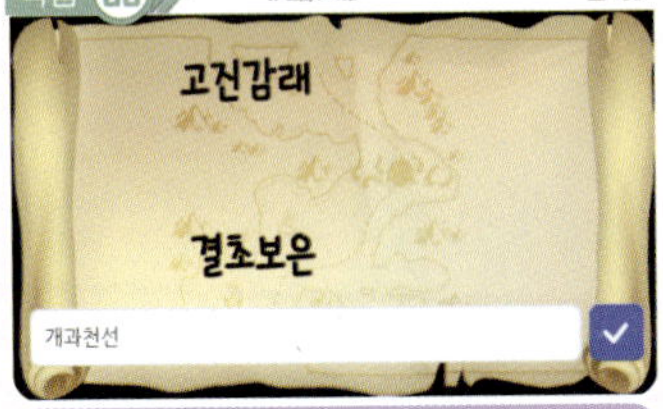

작품 40 — 티셔츠 사이즈 구하기

Contents
목차

1장
엔트리 인공지능 게임 시작하기

01 게임으로 배우는 엔트리 ···················· 020

게임의 구성 요소 • 021
게임의 장르 • 022
엔트리 인공지능을 활용한 게임 만들기 • 022

02 엔트리 소개 ···················· 024

엔트리란? • 024
엔트리 접속하고 회원 되기 • 024
엔트리 화면 구성 살펴보기 • 028

03 엔트리 인공지능 이해하기 ···················· 033

인공지능이란 • 033
인공지능은 어떻게 만드나요 • 034
엔트리로 배우는 인공지능 & 데이터 과학 • 035
엔트리 인공지능 블록 알아보기 • 036
　　엔트리 인공지능 블록 [번역] 알아보기 • 036
　　엔트리 인공지능 블록 [비디오 감지] 알아보기 • 037
　　엔트리 인공지능 블록 [오디오 감지] 알아보기 • 038
　　엔트리 인공지능 블록 [읽어주기] 알아보기 • 039

Contents
목차

2장
쉽게 시작하는 엔트리 게임

게임에서 선택을 하는 방법 ·· 042

작품 01 로봇 강아지 훈련시키기 ·· 043

　　만들 작품 미리보기 • 043　　　작품 만들기 • 044

게임에서 다른 아이템에 명령을 전달하는 방법 ·· 048

작품 02 파이어 드레곤 ·· 049

　　만들 작품 미리보기 • 049　　　작품 만들기 • 052

게임에서 점수를 저장하는 방법 ·· 056

작품 03 미사일 쏘기 ·· 057

　　만들 작품 미리보기 • 057　　　작품 만들기 • 058

게임에서 반복 횟수를 입력받는 방법 ·· 062

작품 04 폭탄 떨어뜨리기 ·· 063

　　만들 작품 미리보기 • 063　　　작품 만들기 • 064

게임에서 상하좌우 움직이는 방법 ········· 066

작품 05 자동차 조종하기 ········· 069

만들 작품 미리보기 · 069   작품 만들기 · 070

게임에서 배경을 움직이는 방법 ········· 074

작품 06 스케이트를 타요 ········· 075

만들 작품 미리보기 · 075   작품 만들기 · 076

게임에서 같은 기능을 활용하는 방법 ········· 080

작품 07 모양 변하는 아이템 ········· 081

만들 작품 미리보기 · 081   작품 만들기 · 082

게임에서 진행 상태를 표시하는 방법 ········· 086

작품 08 헌 집 줄께, 새 집 다오 ········· 087

만들 작품 미리보기 · 087   작품 만들기 · 088

게임에서 점프하는 방법 ········· 094

작품 09 점프! 점프! ········· 095

만들 작품 미리보기 · 095   작품 만들기 · 096

Contents
목차

게임에서 재미 효과를 주는 방법 · 098

작품 10 터지는 효과 모음 · 099

　　만들 작품 미리보기 · 099　　　작품 만들기 · 100

게임에서 오브젝트를 여러개 만드는 방법 · · · · · · · · · · · · · · · · · 104

작품 11 번개를 피해라 · 105

　　만들 작품 미리보기 · 105　　　작품 만들기 · 106

게임에서 등수 저장하기 랭킹 표시하는 방법 · · · · · · · · · · · · · · · 110

작품 12 골을 피해라 · 111

　　만들 작품 미리보기 · 111　　　작품 만들기 · 112

3장
만들면서 배우는 엔트리 게임

작품 13 ▶ 미션! 물 폭탄을 터트려라! ········· 122
  만들 작품 미리보기 • 122   작품 만들기 • 123

작품 14 ▶ 팅겨팅겨! 볼게임 ········· 126
  만들 작품 미리보기 • 126   작품 만들기 • 127

작품 15 ▶ 거미를 피해라 ········· 132
  만들 작품 미리보기 • 132   작품 만들기 • 133

작품 16-1 ▶ 돈벌기 게임 LEVEL 1 ········· 138
  만들 작품 미리보기 • 138   작품 만들기 • 139

작품 16-2 ▶ 돈벌기 게임 LEVEL 2 ········· 144
  만들 작품 미리보기 • 144   작품 만들기 • 145

작품 17 ▶ 좀비를 물리쳐라 ········· 152
  만들 작품 미리보기 • 152   작품 만들기 • 153

Contents
목차

즐거운 인공지능 게임 만들기

작품 18 한국의 엔트롤 박수 댄스 ································ 162
　만들 작품 미리보기 • 162　　작품 만들기 • 163

작품 19 코로 조종하는 전투기 게임 ···························· 166
　만들 작품 미리보기 • 166　　작품 만들기 • 167

작품 20 소리로 홈런치기 ··· 171
　만들 작품 미리보기 • 171　　작품 만들기 • 172

작품 21 미션! 보물선에 보물을 담아라! ····················· 178
　만들 작품 미리보기 • 178　　작품 만들기 • 179

작품 22 사물을 찾아라! ··· 186
　만들 작품 미리보기 • 186　　작품 만들기 • 187

작품 23 펀치로 스트레스 풀기 ··································· 192
　만들 작품 미리보기 • 192　　작품 만들기 • 193

작품 24 식인 나무를 뽑아 놀이공원 지키기 · · · · · · · · · · · · · 198
만들 작품 미리보기 • 198   작품 만들기 • 199

작품 25 축구 헤딩 연습 · · · · · · · · · · · · · 204
만들 작품 미리보기 • 204   작품 만들기 • 205

작품 26 2인용 어깨 권투 게임 · · · · · · · · · · · · · 209
만들 작품 미리보기 • 209   작품 만들기 • 210

작품 27 소리로 하는 점프게임 · · · · · · · · · · · · · 216
만들 작품 미리보기 • 216   작품 만들기 • 217

작품 28 운동하며 좀비 피하기 게임 · · · · · · · · · · · · · 224
만들 작품 미리보기 • 224   작품 만들기 • 225

작품 29 무궁화 꽃이 피었습니다 · · · · · · · · · · · · · 230
만들 작품 미리보기 • 230   작품 만들기 • 231

작품 30 OX퀴즈로 나무 키우기 · · · · · · · · · · · · · 236
만들 작품 미리보기 • 236   작품 만들기 • 237

작품 31 사슴벌레 키우기 · · · · · · · · · · · · · 243
만들 작품 미리보기 • 243   작품 만들기 • 244

Contents
목차

5장
더 나은 세상을 위한 게임 만들기

작품 32 지구에 나무를 심고 깨끗한 도시 만들기 ·········· 254
- 만들 작품 미리보기 • 254
- 작품 만들기 • 255

작품 33 마음의 벽을 허물고 행복한 세상을 만들어요! ·········· 260
- 만들 작품 미리보기 • 260
- 작품 만들기 • 261

작품 34 나에게 하는 말로 자존감 높이기 ·········· 266
- 만들 작품 미리보기 • 266
- 작품 만들기 • 267

작품 35 편식없이 음식 먹기 ·········· 272
- 만들 작품 미리보기 • 272
- 작품 만들기 • 273

작품 36 플로깅 게임 ·········· 280
- 만들 작품 미리보기 • 280
- 작품 만들기 • 281

작품 37 칭찬하면 고래도 춤을 춰요 ·········· 286
- 만들 작품 미리보기 • 286
- 작품 만들기 • 287

6장
공부를 즐겁게 게임으로 만들기

작품 38 세계 대륙 퍼즐 맞추기 · 296

만들 작품 미리보기 · 296   작품 만들기 · 297

작품 39 타자 연습게임 · 301

만들 작품 미리보기 · 301   작품 만들기 · 302

작품 40 티셔츠 사이즈 구하기 · 307

만들 작품 미리보기 · 307   작품 만들기 · 308

1장

엔트리 인공지능 게임 시작하기

01	게임으로 배우는 엔트리
02	엔트리 소개
03	엔트리 인공지능 이해하기

게임으로 배우는 엔트리

엔트리를 이용한 게임 개발을 위해서는 사용자들은 블록을 드래그 앤 드롭하여 프로그램을 구성할 수 있습니다. 이를 통해 사용자는 쉽게 게임의 동작과 규칙을 정의하고, 그래픽적인 요소를 추가하여 자신만의 게임을 만들 수 있는 장점이 있습니다.

엔트리 게임은 다양한 장르와 유형의 게임을 만들 수 있습니다. 예를 들어, 플랫폼 게임, 퍼즐 게임, 액션 게임, 어드벤처 게임, 시뮬레이션 게임 등의 다양한 형태의 게임을 구현할 수 있습니다. 또한, 엔트리 플랫폼은 멀티플레이어 기능을 제공하여 여러 사용자가 함께 게임을 즐길 수도 있습니다.

엔트리 게임은 교육적인 목적과 창의적인 문제 해결 능력을 향상시키기 위해 사용됩니다. 학생들은 게임을 만들면서 프로그래밍 개념과 논리적 사고를 배우고, 문제 해결 및 협력 능력을 향상시킬 수 있습니다. 또한, 엔트리 커뮤니티에서는 사용자들이 만든 게임을 공유하고, 서로의 게임에 참여하며 상호작용할 수 있는 환경을 제공하고 있습니다.

게임의 구성 요소

- **캐릭터(Character)**: 게임의 주인공이나 조작 가능한 캐릭터를 만들어야 합니다. 이를 위해 캐릭터의 외모, 동작, 능력, 스킬 등을 설계하고 구현할 수 있습니다.
- **맵(Map)**: 게임 내에서 캐릭터가 이동할 수 있는 환경을 구성해야 합니다. 맵은 다양한 지형, 장애물, 아이템, 비밀 공간 등으로 구성될 수 있습니다.
- **몬스터(Monster) 또는 적(Enemy)**: 게임의 도전 요소로 캐릭터가 싸워야 할 몬스터나 적을 설계해야 합니다. 이들은 공격 패턴, 체력, 특수 기술 등을 갖추고 있을 수 있습니다.
- **아이템(Items)**: 게임에서 사용할 수 있는 아이템을 생성해야 합니다. 아이템은 캐릭터의 능력을 강화하거나 특정 효과를 부여하는 역할을 할 수 있습니다.
- **미션(Mission)**: 게임 플레이어에게 주어지는 목표나 임무를 생성해야 합니다. 플레이어가 퀘스트를 수행하거나 미션을 완료하면 보상을 받을 수 있습니다.
- **게임 규칙 및 시스템**: 게임의 규칙과 시스템을 설계해야 합니다. 예를 들어, 점수 계산 방식, 승리/패배 조건, 저장 및 불러오기 기능 등을 구현할 수 있습니다.
- **사운드(Sound) 및 음악(Music)**: 게임의 분위기와 효과를 높이기 위해 사운드 효과와 배경 음악을 추가할 수 있습니다.
- **인터페이스(Interface)**: 게임 플레이에 필요한 UI 요소를 설계해야 합니다. 이는 게임 시작 화면, 메뉴, 설정, 인벤토리, 게임 오버 등을 포함할 수 있습니다.

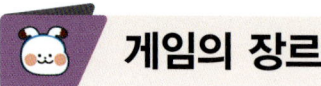 **게임의 장르**

- **어드벤처 게임:** 플레이어가 이야기의 주인공이 되어 퍼즐을 풀며 스토리를 진행하는 게임입니다. 주로 탐색, 수수께끼, 대화 등의 요소가 포함되어 있습니다.
- **액션 게임:** 플레이어가 캐릭터를 조작하여 적과의 전투를 펼치는 게임입니다. 주로 신속한 반응과 능력을 요구하며, 격투, 슈팅, 플랫폼 등 다양한 하위 장르로 나눌 수 있습니다.
- **전략 게임:** 플레이어가 전략적인 결정을 내리고 리소스를 관리하여 승리를 위해 경쟁하는 게임입니다. 주로 순서대로 번갈아가면서 진행하는 턴제 전투, 시뮬레이션, 타워 디펜스 등의 요소가 포함되어 있습니다.
- **퍼즐 게임:** 플레이어가 논리적인 사고와 문제 해결 능력을 활용하여 퍼즐을 풀어나가는 게임입니다. 주로 숫자, 블록, 단서 등 다양한 유형의 퍼즐이 제공됩니다.
- **스포츠 게임:** 플레이어가 다양한 종목의 스포츠를 시뮬레이션하여 게임을 즐기는 게임입니다. 주로 축구, 농구, 야구, 골프 등의 스포츠가 재현되며, 싱글 플레이어나 멀티플레이어로 플레이할 수 있습니다.
- **시뮬레이션 게임:** 특정 상황이나 환경을 모방하여 플레이어가 해당 환경을 관리하거나 조작하는 게임입니다. 주로 도시 건설, 농장 경영, 비행기 조종 등 다양한 주제로 구성될 수 있습니다.

 **엔트리 인공지능을 활용한 게임 만들기**

엔트리 인공지능을 활용하여 다양한 게임을 만들 수 있습니다. 다음은 엔트리 인공지능의 기능을 활용하여 만들 수 있는 게임의 몇 가지 예시입니다.

- **퀴즈 게임:** 엔트리 인공지능을 이용하여 다양한 주제의 퀴즈를 만들 수 있습니다. 사용자에게 문제를 제시하고, 엔트리 인공지능은 입력된 답변을 평가하고 정답 여부를 판단합니다.
- **가상 동물 키우기 게임:** 엔트리 인공지능을 사용하여 가상 동물을 만들고 키우는 게임을 개발할 수 있습니다. 플레이어는 동물과 상호작용하며 엔트리 인공지능은 동물의 상태를 모니터링하고 피드백을 제공합니다.
- **액션게임:** 플레이어가 몸을 직접 움직여 미션을 수행하는 스포츠 게임이나 적과의 전투를 펴치는 게임입니다.

- **ESG 게임**: 게임을 통해 환경과 사회를 생각할 기회를 제공하고, 지속가능한 발전을 엔트리 게임으로 만들며 더 나은 세상을 만들 수 있습니다.

이 외에도 엔트리 인공지능을 활용하여 다양한 게임을 만들 수 있으며, 상상력과 창의성에 따라 다양한 아이디어를 구현할 수 있습니다. 게임을 만들 때 엔트리 인공지능을 적극적으로 활용하면 사용자와의 상호작용이 풍부하고 흥미로운 게임을 제작할 수 있습니다.

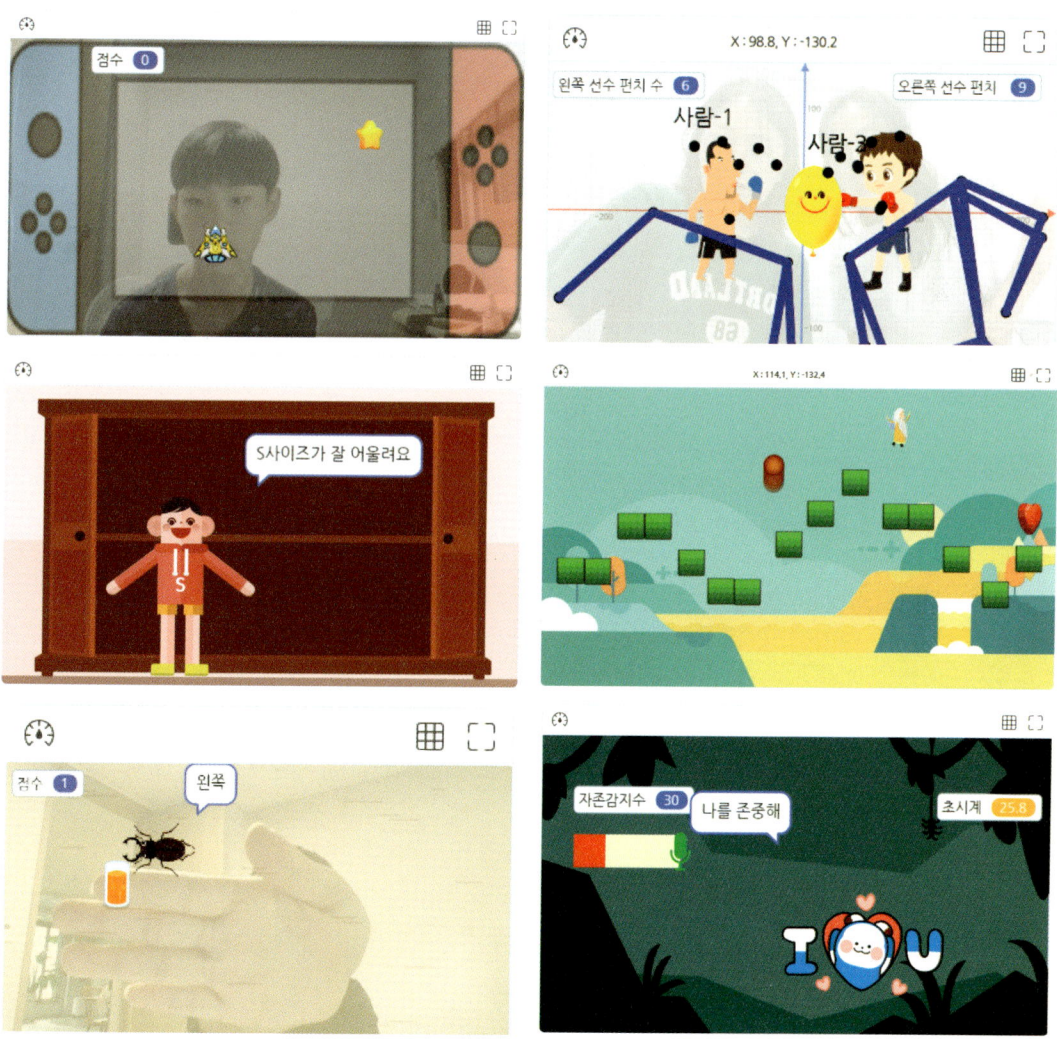

엔트리 소개

 엔트리란?

엔트리(Entry)는 소프트웨어 교육을 누구나 쉽게 무료로 받을 수 있도록 개발된 교육용 프로그래밍 언어로 블록 장난감을 조립하듯이 코드를 순서대로 조립할 수 있는 블록 코딩 언어입니다. 다양한 작품을 창작하고 공유할 수 있으며, 인공지능의 원리를 쉽게 이해하고 활용할 수 있는 인공지능 블록이 제공됩니다.

이 책은 엔트리 블록을 사용하여 여러분이 생각하고 상상하는 작품을 계획하고 만들 수 있도록 다양한 예제를 제공합니다. 게임 만들기를 통해 즐겁게 배우고 다양한 창작 활동을 할 수 있도록 도와줍니다.

 엔트리 접속하고 회원 되기

엔트리는 온라인 버전과 내 컴퓨터에 다운로드하여 사용할 수 있는 오프라인 버전이 있습니다. 인공지능과 관련된 기능은 인터넷 환경에서 정상적으로 동작합니다.

※ 크롬 브라우저 이용한 온라인 버전 사용을 권장합니다.

01 크롬 주소창에 https://playentry.org/를 입력하고 접속합니다.

02 엔트리 회원 가입하기 위해 로그인을 누릅니다.

엔트리는 가입하지 않아도 누구나 무료로 이용할 수 있지만, 엔트리를 더욱 편하게 즐기기 위해서는 회원가입을 하는 것이 좋습니다. 회원가입을 하면 내가 만든 작품을 저장할 수 있고 언제 어디서든 로그인하여 사용할 수 있습니다.

03 로그인 화면 아래 [회원 가입하기]를 누릅니다.

필수 항목인 이용약관, 개인정보 수집 이용 동의를 체크 한 후 회원 가입합니다.

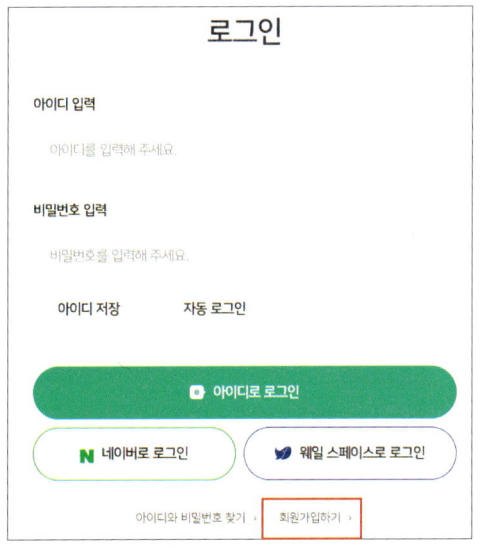 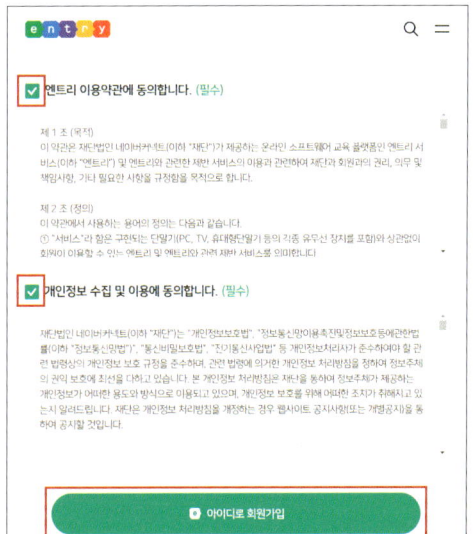

04 아이디와 비밀번호를 입력한 후 다음을 클릭합니다.

회원 유형, 성별, 닉네임, 작품 공유 학년 필수 항목을 체크합니다.

이메일은 필수 항목은 아니지만 비밀번호를 잊어버린 경우 이메일로 비밀번호를 찾을 수 있기 때문에 이메일도 입력하고 확인을 클릭합니다.

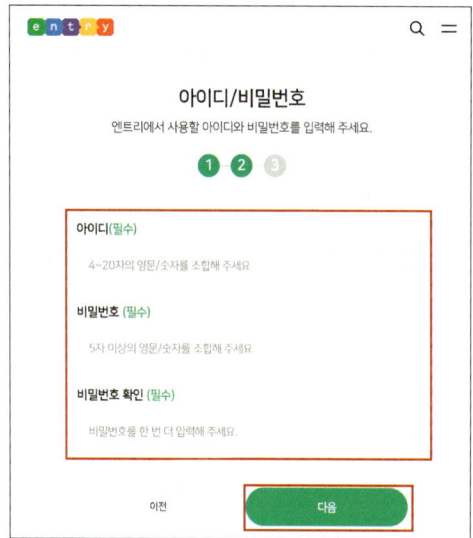 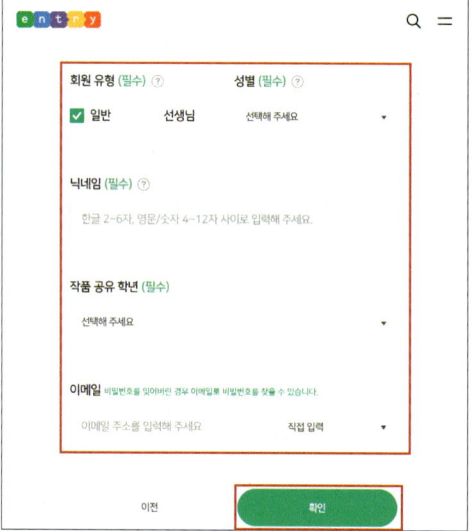

05 엔트리 회원으로 가입되었습니다.

입력한 이메일 주소를 방문하여 엔트리 가입 이메일 주소를 인증합니다.

 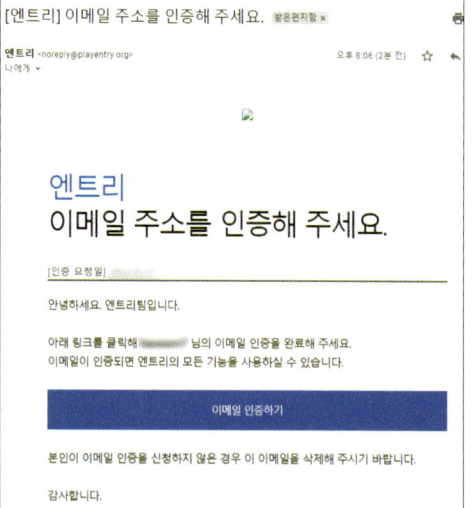

06 엔트리 홈페이지에 접속하여 로그인 합니다.

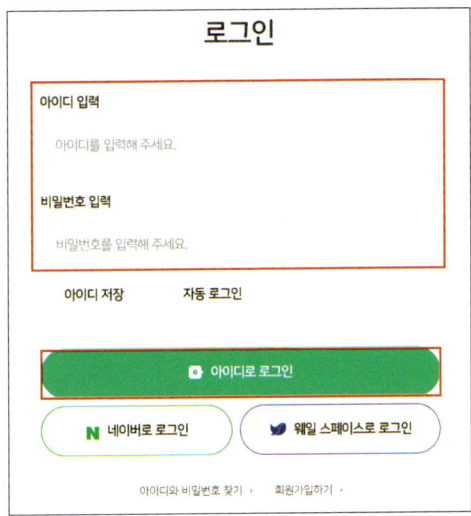

07 로그인 확인은 엔트리 홈페이지의 오른쪽 위 엔트리 얼굴을 클릭하면 내가 만든 닉네임, 마이페이지 등이 보이면 로그인 성공입니다.

이제부터 엔트리로 즐겁게 코딩하세요!

 ## 엔트리 화면 구성 살펴보기

엔트리에서 작품은 장면 속의 오브젝트들이 다양하게 동작하도록 하기 위해, 각각의 동작에 해당하는 블록을 일정한 순서에 맞춰 조립한 결과물입니다.

작품은 여러 개의 '장면'으로 이루어져 있고, 장면은 또한 여러 개의 '오브젝트'로 이루어져 있습니다.

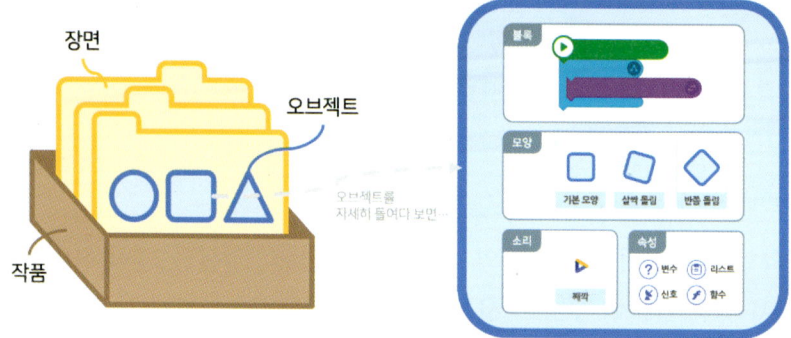

◆ 출처: 엔트리 User Guide_ https://docs.playentry.org/user/what-is-project.html

엔트리 화면에서 [만들기]-[작품 만들기]를 클릭하면 엔트리 작업 화면으로 이동합니다.

상단 메뉴

❶ entry : 엔트리 메인페이지로 이동합니다.

❷ 230627_코딩속세상 작품 : 작품의 이름을 저장합니다. 기본적으로 만들기 [yymmdd_ID 작품] 날짜 와 "ID 작품"으로 작품 이름이 자동 작성되어 있습니다. 클릭하여 다른 이름으로 변경할 수 있습니다.

❸ : 블록코딩과 엔트리파이썬 언어를 선택할 수 있습니다.

❹ : 작품을 새로 만들거나 저장한 작품, 오프라인 작품을 불러옵니다.

❺ : 현재 작품을 저장하기, 복사본으로 저장하기, 내 컴퓨터에 저장할 수 있습니다.

❻ : 블록 도움말은 블록에 대한 설명이 나타납니다. 엔트리 사용자 위키는 개발자, 사용자 가이드 사이트로 연결됩니다.

❼ : 작품에 쓰인 모든 오브젝트와 코드를 정리한 페이지를 보여줍니다.

❽ : 진행중인 작업을 바로 이전으로 되돌리거나, 바로 이후로 복구시킬 수 있습니다.

❾ 기본형 : 작품을 기본형 / 교과형으로 선택할 수 있습니다.

❿ 한국어 : 한국어/영어 언어를 변경할 수 있습니다.

실행 화면

❶ 속도조절 : 작품이 실행되는 속도를 조절할 수 있습니다. 다섯 단계로 조절 가능하며, 오른쪽으로 갈수록 빨라집니다.

❷ 모눈종이 : 실행화면 위에 좌표가 표시되도록 합니다. 실행화면은 x축(가로축)방향으로 -240 ~ 240, y축(세로축) 방향으로 -135 ~ 135로 이루어져있습니다.

❸ [전체 화면] : 작품을 전체화면으로 크게 볼 수 있습니다.

❹ [오브젝트 추가하기] : 새로운 오브젝트를 추가할 수 있습니다. 배경, 캐릭터, 글상자를 추가할 수 있고, 이미지 파일을 올리거나 그릴 수 있습니다.

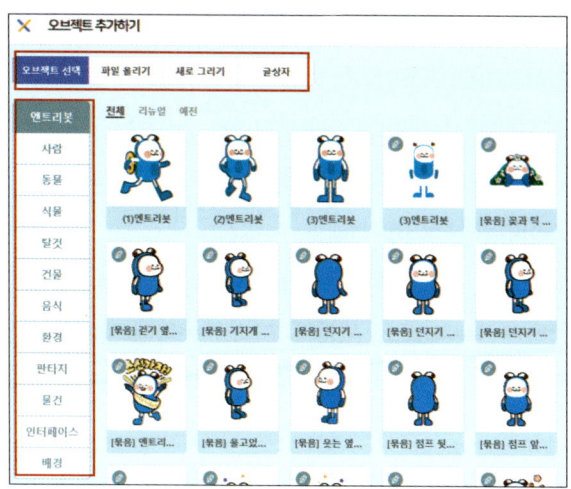

❺ [시작하기] : 블록 조립소의 조립한 명령에 따라 작품의 실행을 시작하거나 정지합니다.

오브젝트와 오브젝트 목록

명령어를 통해 움직일 수 있는 캐릭터 사물 글장자 배경 등을 오브젝트라고 합니다. 이름, 위치, 크기, 방향, 이동방향, 회전방식의 정보를 가지고 있습니다.

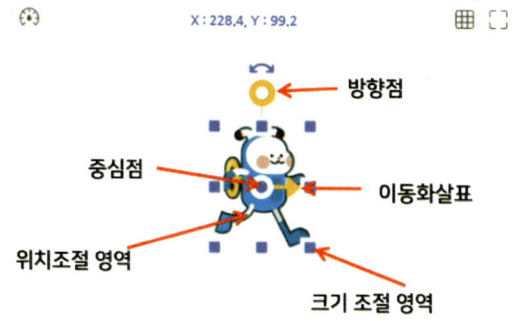

실행 화면에 추가된 오브젝트들은 오브젝트 목록에 나열되어 있습니다.

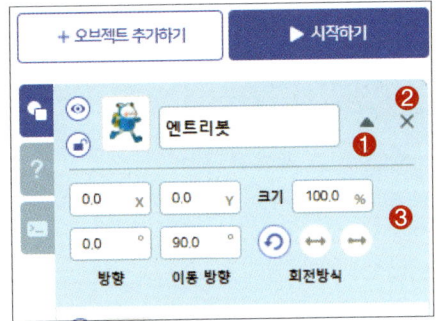

❶ ▼ : 오브젝트의 정보들을 직접 입력하고 수정할 수 있습니다.

❷ × [삭제] : 오브젝트를 삭제할 수 있습니다.

❸ [오브젝트 정보] : 오브젝트의 x좌표 값, y좌표 값, 크기, 방향, 이동방향 및 회전방식의 오브젝트 정보들을 보여주고 수정할 수 있습니다.

블록꾸러미

블록 꾸러미는 블록, 모양, 소리, 속성의 네 가지 탭으로 이루어져 있습니다.

❶ 블록 탭 : 오브젝트를 움직일 수 있는 다양한 명령어 블록들이 있는 탭입니다. 시작, 흐름, 움직임, 인공지능 등 14개 카테고리에 다양한 블록들이 있습니다. 이 블록들을 블록조립소로 끌어와 조립하여 코드를 완성합니다.

❷ 모양 탭 : 오브젝트의 모양을 추가하거나 이름을 수정하고 복제하는 등의 작업을 하는 탭입니다.

❸ 소리 탭 : 오브젝트가 사용할 소리를 관리하는 탭입니다. 새롭게 소리를 추가할 수도 있고, 이미 추가 된 소리들을 재생버튼을 이용해서 바로 들어볼 수도 있습니다.

❹ 속성 탭 : 코드에 관여하는 변수나 신호, 리스트, 함수를 추가하는 탭입니다.

블록조립소

❶ 오브젝트명 : 왼쪽 위에 오브젝트명이 보입니다. 오브젝트 별로 각각 [블록조립소]에서 블록을 조립합니다. [블록꾸러미]에서 블록을 끌어와 [블록조립소]에서 조립할 수 있습니다. 이렇게 조립된 블록 묶음을 [코드]라고 합니다.

❷ [휴지통] : 필요 없는 블록을 삭제할 수 있는 아이콘입니다. 삭제하고 싶은 블록을 떼어서 휴지통으로 끌고 오면, 휴지통 뚜껑이 열리면서 블록이 삭제됩니다.

❸ 블록 크기 조절 : [-]는 블록 크기가 작아지고 [=]는 100%(기본 크기)로 보이고 [+]는 블록 크기가 커집니다.

03 엔트리 인공지능 이해하기

 **인공지능이란**

인공지능(AI, Artificial Intelligence)은 기계가 인간의 지능적인 행위를 흉내 낼 수 있도록 만든 소프트웨어 시스템을 말합니다.

매일 사용하는 스마트폰에서는 얼굴ID인식, 패턴을 학습해서 배터리를 절약하거나, '유튜브' 알고리즘에 의해 여러분이 좋아할 만한 영상을 계속 추천받고 있습니다. 네이버 '클로바' '구글 어시스턴트', '애플 시리', '카카오 미니' 등의 인공지능(스피커)과 소통하기도 합니다. 사람의 언어와 대화 패턴을 학습하여 사람과 유사한 대화를 생성하고 마치 사람처럼 새로운 창작물을 만들어내는 생성형 AI(Generative AI) chatGPT까지 인간이 그동안 직접 해온 많은 일이 인공지능에 의해 자동으로 처리되고 있습니다.

 ## 인공지능은 어떻게 만드나요?

인간은 다양한 경험과 시행착오를 통해 지식을 배우게 됩니다. 이렇게 인간이 지식을 습득하는 방법처럼 컴퓨터가 스스로 대량의 데이터로 부터 지식이나 패턴을 찾아 학습하고 예측을 수행하는 것을 '머신러닝'이라고 합니다. 인간의 뇌를 모방한 인공신경망을 머신러닝 기술에 적용한 것을 '딥러닝'이라고 합니다.

인공지능
인간이 가진 능력을 컴퓨터를 통해 구현하는 기술

머신러닝
컴퓨터 스스로가 학습하여 성능을 향상시키는 방법
데이터베이스, 레코드 파일, 엑셀 파일 등 정형데이터, 분류 예측문제

딥러닝
인간의 신경망과 비슷한 방식으로 정보를 처리
이미지, 영상, 음성, 텍스트, 소리 등 파장형 데이터, 인지 관련 문제

인공지능을 학습시키는 방식은 크게 세 가지로 분류합니다.

❶ **지도학습** : 정답의 예시를 알려주고, 예시에서 찾은 특징으로 새로운 데이터를 분류하거나 예측하는 방식입니다. 엔트리의 모델 학습 중 분류, 예측 모델이 지도학습에 해당됩니다.

❷ **비지도학습** : 정답을 정하지 않아도 데이터를 주면 비슷한 특징을 찾고, 다시 그 특징을 기준으로 새로운 데이터가 어떤 데이터인지를 알아내는 방식입니다. 예를 들어, '사과'가 무엇인지 알려주지 않아도 사과의 특징을 학습할 수 있습니다. 엔트리의 모델 학습 중 군집 모델이 비지도학습에 해당됩니다.

❸ **강화학습** : 정답을 정하지 않고, 특정한 환경과 최소한의 조건에서 학습한 결과가 좋으면 보상을, 나쁘면 벌을 주며 점점 좋은 결과를 이끌도록 강화하는 방식입니다. 그 유명한 바둑 인공지능 '알파고'가 강화 학습으로 탄생했습니다.

머신 러닝		
지도 학습 (Supervised Learning)	비지도 학습 (Unsupervised Learning)	강화 학습 (Reinforcement Learning)
문제와 정답을 모두 알려주고 공부시키는 방법	답을 가르쳐주지 않고 공부시키는 방법	보상을 통해 상은 최대화, 벌은 최소화하는 방법으로 강화하는 학습
예측, 분류	연관 규칙, 군집	보상

 엔트리로 배우는 인공지능 & 데이터 과학

엔트리를 통해 인공지능 블록 활용, 데이터 분석 등 다양한 분야의 컴퓨터 지식을 효과적으로 학습할 수 있습니다. 엔트리의 인공지능 기술이 적용된 번역, 오디오 감지, 읽어주기 블록을 활용하여 다양한 사고를 표현하고, 더욱 넓은 영역의 문제를 해결할 수 있는 작품을 만들어 볼 수 있습니다.

※ 모든 인공지능 블록은 인터넷 연결이 필요합니다.

 엔트리 인공지능 블록 알아보기

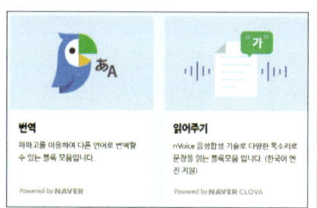 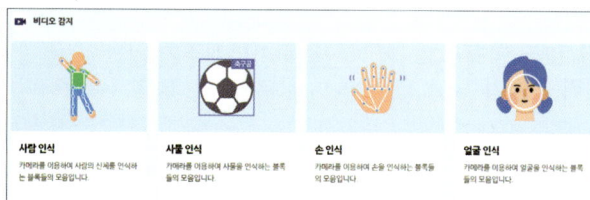 

엔트리 인공지능 블록 [번역] 알아보기

'네이버 랩스'가 자체 개발한 인공신경망 기반 번역 서비스 '파파고'를 활용해 언어를 번역하는 블록입니다.

번역 지원 언어는 한국어, 영어, 일본어, 중국어 간체, 중국어 번체, 프랑스어, 스페인어, 베트남어, 태국어, 인도네시아어, 러시아어, 이탈리아어 등 현재 12개 언어를 지원합니다.

인터넷에 연결되지 않았거나 인터넷 환경이 불안정할 경우, '알 수 없는 문장입니다.'를 가져오고 다음 블록으로 넘어갑니다. 내용은 3000 자까지 입력이 가능합니다.

엔트리 인공지능 블록 [비디오 감지] 알아보기

엔트리 인공지능 [비디오 감지] 기능은 PC(노트북) 또는 기기의 카메라(웹캠)로 입력되는 이미지/영상을 통해 사물, 사람의 신체, 얼굴을 인식하는 블록입니다. 기존 비디오감지 기능에 "손 인식" 블록이 추가되고, 화면의 기능이 리뉴얼 되었습니다.

비디오 감지 블록은 Internet Explorer와 iOS에서는 동작하지 않을 수 있습니다. 구글의 크롬, 네이버 웨일 브라우저에서는 정상 동작합니다.

엔트리에서 인공지능으로 비디오 감지 블록을 인식할 수 있는 모델은 "사물", "사람", "얼굴", "손" 네가지 입니다.

❶ 사람 인식

카메라로 입력되는 이미지(영상)을 통해 사람의 신체를 인식하는 블록입니다. 인공지능이 신체 각 부위의 위치를 인식하는 것을 간단히 경험해 볼 수 있습니다.

코	왼쪽 눈 안쪽	왼쪽 눈	왼쪽 눈 바깥쪽	오른쪽 눈 안쪽	오른쪽 눈
오른쪽 눈 바깥쪽	왼쪽 귀	오른쪽 귀	왼쪽 입꼬리	왼쪽 입꼬리	오른쪽 입꼬리
왼쪽 어깨	오른쪽 어깨	왼쪽 팔꿈치	오른쪽 팔꿈치	왼쪽 손목	오른쪽 손목
왼쪽 소지	오른쪽 소지	왼쪽 검지	오른쪽 검지	왼쪽 엄지	오른쪽 엄지
왼쪽 엉덩이	오른쪽 엉덩이	왼쪽 무릎	오른쪽 무릎	왼쪽 발목	오른쪽 발목
왼쪽 발꿈치	오른쪽 발꿈치	왼쪽 발끝	오른쪽 발끝		

❷ 사물 인식

카메라로 입력되는 이미지(영상)을 통해 사물을 인식하는 블록입니다. 인공지능이 80여 개의 다양한 사물을 인식하는 것을 간단히 경험해 볼 수 있습니다.

사람	자전거	자동차	오토바이	비행기	버스	기차	트럭	보트
신호등	소화전	정지 표지판	주차 미터기	벤치	새	고양이	개	말
양	소	코끼리	곰	얼룩말	기린	배낭	우산	핸드백
넥타이	여행 가방	원반	스키	스노보드	공	연	야구배트	야구 글러브
스케이트보드	서프보드	테니스라켓	병	와인잔	컵	포크	나이프	숟가락
그릇	바나나	사화	샌드위치	오렌지	브로콜리	당근	핫도그	피자
도넛	케이크	의자	소파	화분	침대	식탁	변기	TV
노트북	마우스	리모컨	키보드	핸드폰	전자레인지	오븐	토스터	싱크대
냉장고	책	시계	꽃병	가위	가위	헤어드라이어		칫솔

❸ 손 인식

카메라로 입력되는 이미지(영상)을 통해 사람의 손을 인식하는 블록입니다. 인공지능이 손 각 부위의 위치나, 제스처 등을 인식하는 것을 간단히 경험해 볼 수 있습니다.

엄지 : 끝, 첫째 마디	검지: 끝, 첫째 마디, 둘째 마디	중지: 끝, 첫째 마디, 둘째 마디	약지: 끝, 첫째 마디, 둘째 마디	소지: 끝, 첫째 마디, 둘째 마디	손목

❹ 얼굴 인식

카메라로 입력되는 이미지(영상)을 통해 사람의 얼굴을 인식하는 블록입니다. 인공지능이 얼굴 각 부위의 위치나, 표정 등을 통해 유추한 나이, 성별, 감정 등을 인식하는 것을 간단히 경험해 볼 수 있습니다.

왼쪽 눈	오른쪽 눈	코	왼쪽 입꼬리	오른쪽 입꼬리	윗 입술	아랫 입술

엔트리 인공지능 활용 블록 [오디오 감지] 알아보기

엔트리 인공지능 [오디오 감지] 기능은 네이버가 개발한 인공지능 음성인식기술 '클로바 스피치(CLOVA Speech)'를 활용해서, 마이크로 입력하는 소리를 감지하고, 문자로 바꿀 수 있는 블록입니다.

오디오 감지 블록은 마이크 연결이 필요한 블록입니다. 데스크탑의 경우 마이크(혹은 마이크가 포함된 이어폰)을 연결한 후 사용 합니다.

마이크 연결이 되지 않아 음성이 제대로 입력되지 않을 때는 브라우저 설정을 변경합니다. (크롬의 경우, 주소 표시줄 오른쪽의 카메라 아이콘을 클릭하거나 '설정 > 개인정보 및 보안 > 사이트 설정 > 마이크' 에서 엔트리 사이트의 마이크 사용을 허용해 주세요.)

엔트리 인공지능 활용 블록 [읽어주기] 알아보기

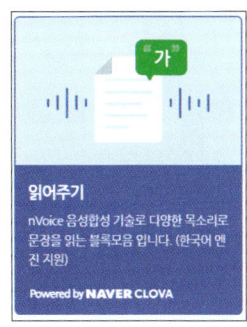
네이버가 개발한 인공지능 플랫폼 '클로바'의 nVoice 음성 합성 기술을 이용해 인공지능이 합성한 다양한 목소리로 문장을 읽는 블록입니다.

nVoice는 문자음성 자동변환기술로 텍스트(2500자이내)를 입력하면 사람의 목소리로 변환되어 그 문장을 읽어주는 것입니다.

※ [인공지능 모델 학습하기]는 해당 예제별로 설명되어 있습니다.

2장

쉽게 시작하는 엔트리 게임

작품	01	게임에서 선택을 하는 방법 (로봇 강아지 훈련시키기)
작품	02	게임에서 다른 아이템에 명령을 전달하는 방법 (파이어 드래곤)
작품	03	게임에서 점수를 저장하는 방법 (미사일 쏘기)
작품	04	게임에서 입력받아 반복 횟수 결정하는 방법 (폭탄 떨어뜨리기)
작품	05	게임에서 상하좌우 움직이는 방법 (자동차 조종하기)
작품	06	게임에서 배경을 움직이는 방법 (스케이트를 타요!)
작품	07	게임에서 같은 기능을 활용하는 방법 (모양 변하는 아이템)
작품	08	게임에서 진행 상태를 표시하는 방법 (헌 집 부수고, 새 집 짓자!)
작품	09	게임에서 점프하는 방법 (점프! 점프!)
작품	10	게임에서 터지는 효과를 주는 방법 (터지는 효과모음)
작품	11	게임에서 오브젝트를 여러 개 만드는 방법 (번개를 피해라)
작품	12	게임에서 등수 저장하고 랭킹 표시하는 방법 (골을 피해라)

게임에서 선택을 하는 방법

선생님 제가 엔트리 게임을 만들 때 특정 아이템에 닿으면 점수를 주거나 특정한 명령을 주고 싶은데 그게 가능한가요?

[선택 구조]를 이용하면 조건의 결과에 따라 명령을 선택할 수 있어요.

조건에 따른 [선택 구조] 란?

선택이란 조건을 설정하고 그 조건의 결과에 따라 각각 다른 명령을 선택하도록 하는 제어 구조입니다. 엔트리 [판단 블록]을 이용하면 조건에 따라 선택하는 프로그램을 만들 수 있습니다.

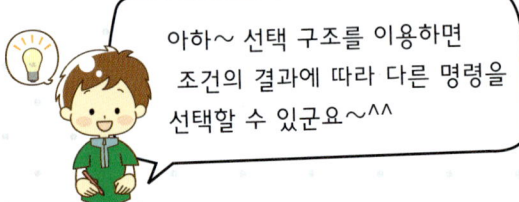

아하~ 선택 구조를 이용하면 조건의 결과에 따라 다른 명령을 선택할 수 있군요~^^

작품 01

로봇 강아지 훈련시키기

난이도 ★☆☆☆☆ **주요기능** 오디오 감지(음성인식)

학습 목표
[선택 구조]에 대해 이해하고, 강아지 훈련을 시키는 작품을 만들어 봅니다.
• [오디오 감지-음성인식] 이용하여 강아지에게 훈련 명령을 말합니다.
• 훈련 명령에 따라 [선택]하여 강아지를 훈련시킬 수 있습니다.

 **만들 작품 미리보기**   QR 코드   링크 주소 : https://youtu.be/HfwyZemy7rQ

🐾 작품 계획하기

1️⃣ 음성인식을 사용하기 위해 [마이크가 연결되었는가] 확인합니다.

2️⃣ [로봇 강아지] 오브젝트에 제공되는 모양을 살펴보고, 훈련시킬 단어를 결정합니다.

3️⃣ 명령에 따라 모양을 [선택]하여 [로봇 강아지]를 훈련시킵니다.

 **작품 만들기**　　작품 완성 파일명 : 1_로봇강아지 훈련시키기.ent

| 함께 만드는 강의 QR 코드 | 링크 주소 :
https://youtu.be/U48MHnsCEOU |

🐶 오브젝트 추가하기

1 [오브젝트 추가하기] 버튼을 클릭하여 [들판(3)], [로봇 강아지] 오브젝트를 추가합니다.

🐶 모양 확인하기

2 [로봇 강아지] 오브젝트를 클릭한 후 [모양] 탭을 선택하여 제공되는 모양을 확인합니다.

🐻 소리 추가하기

3 [🐕로봇 강아지] 오브젝트를 클릭한 후 [소리] 탭을 선택하여 [강아지 짖는 소리] 소리를 추가합니다.

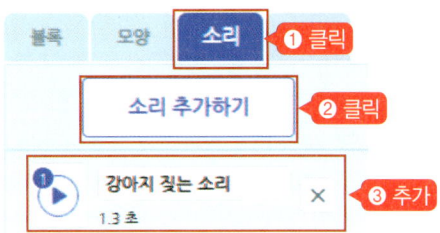

🐻 인공지능 기능 추가하기

4 블록의 탭에서 [인공지능 블록 불러오기]를 클릭하여 [오디오 감지-음성인식]을 불러옵니다.

코딩하기

5 [로봇 강아지] 오브젝트를 코딩합니다.

[시작하기 버튼을 클릭했을 때] [마이크가 연결되었는가]를 확인합니다. 강아지 훈련하는 방법을 말하기 합니다.
훈련 전 강아지에게 훈련임을 알리는 취임새 소리(얍! 또는 박수 소리)의 크기를 측정하여 10보다 크면 [한국어–음성 인식하기] 기능을 활성화합니다.
"손" 이라고 말하면 [로봇 강아지_03_손] 모양으로 바꿉니다.
"앉아" 라고 말하면 [로봇 강아지_02_앉아] 모양으로 바꿉니다.
"경례" 라고 말하면 [로봇 강아지_06_경례] 모양으로 바꿉니다.
훈련할 때마다 [강아지 짖는 소리]를 냅니다.

 **전체코드**

작품 완성 파일명 : 1_로봇강아지 훈련시키기.ent

[안내]
작품 완성 전체코드 파일 다운로드 방법은 책 4쪽 독자지원센터를 참조합니다.

게임에서 다른 아이템에 명령을 전달하는 방법

선생님 제가 버튼을 누를 때마다 폭탄이 발사되는 게임을 만들고 싶은데 어떻게 하면 될까요?

오브젝트간에 명령을 주고 받기 위해서는 신호 보내기를 이용하면 됩니다.

신호 보내기요?

신호 보내기란?

예를 들면 버튼을 클릭하면 [발사 신호]를 폭탄에게 보내고 [발사 신호]를 받은 폭탄이 발사됩니다. 즉, 어떤 오브젝트에서 신호를 보내면 다른 오브젝트가 그 신호를 받아서 특정한 일을 하도록 합니다.

폭탄을 발사합니다!!

아하~
오브젝트별로 신호를 주고 받으며 명령을 내릴 수 있군요!

작품 02 파이어 드레곤

| 난이도 | ★★☆☆☆ | 주요기능 | 신호 |

학습 목표
오브젝트별 [신호 보내기]에 대해 이해하고, 공룡을 클릭하면 모닥불 쪽으로 불이 발사되는 작품을 만들어 봅니다.
- [신호]를 만들고 사용할 수 있습니다.
- [읽어주기]를 이용하여 [신호]를 이용한 게임 설명을 할 수 있습니다.

 만들 작품 미리보기

QR 코드 링크 주소 : https://youtu.be/OD5jzNuhLXY

작품 계획하기

1. [시작하기 버튼을 클릭했을 때] 작품 사용 설명을 읽어줍니다.
2. [공룡]을 클릭하면 불 발사 시 나타나는 움직임을 하고, [불]에게 [불 발사] 신호를 보냅니다.
3. [공룡]으로부터 [불 발사] 신호를 받은 [불]은 [모닥불]을 향해 발사됩니다.

TIP 오브젝트에 대해 알아봐요

오브젝트란? 명령을 통해 움직일 수 있는 캐릭터, 사물, 배경, 글상자 등을 말합니다.

[오브젝트의 특징]

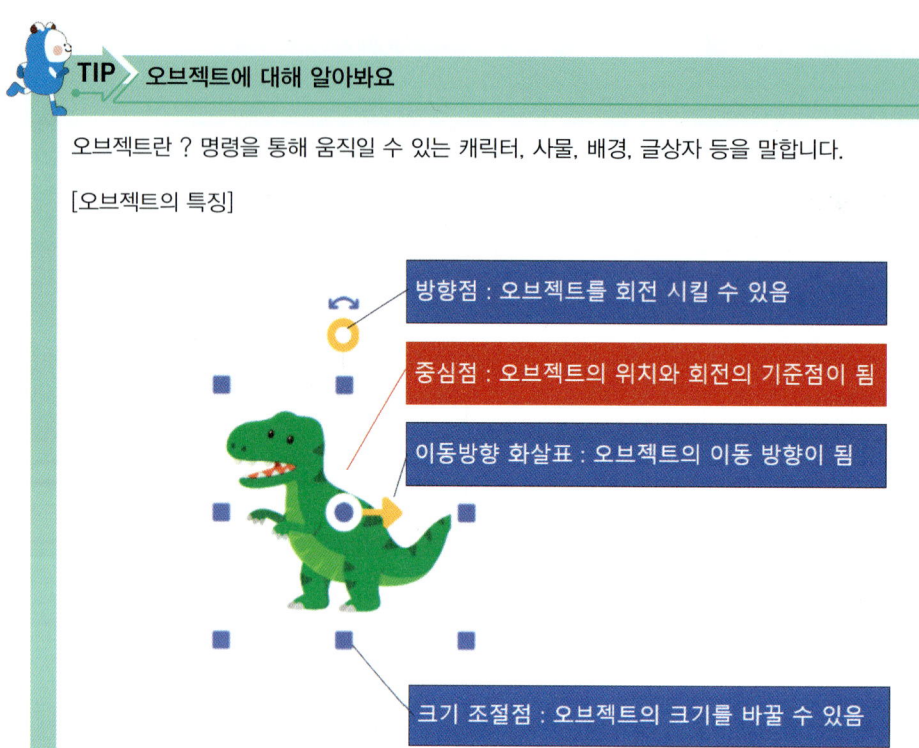

TIP 오브젝트의 중심점에 대해 알아봐요

오브젝트에는 오브젝트의 기준이 되는 중심점이 있습니다.
오브젝트의 위치와 회전의 기준점이 되며 중심점 위치도 변경할 수 있습니다.

`공룡▼ 위치로 이동하기` 블록을 사용하면 공룡의 중심점 위치로 이동합니다.

[공룡] 중심점의 위치에 따라 [불] 블록 조립소에서 `공룡▼ 위치로 이동하기` 결과가 달라 집니다.

TIP 오브젝트의 우선순위에 대해 알아봐요

1) 오브젝트 목록에서 우선순위 정하기

2) 코딩에서 우선 순위 바꾸기

❶오브젝트 목록에서 [불]이 [공룡] 위에 있으면 [시작하기 버튼을 클릭했을 때] [불]이 공룡 위에 나타납니다. 하지만 ❷[공룡] 블록 조립소에서 [맨 앞으로] 보내면 [시작하기 버튼을 클릭했을 때] [공룡]이 맨 앞에 나타탑니다.

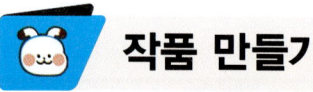 **작품 만들기**　　　작품 완성 파일명 : 2_파이어 드래곤.ent

| 함께 만드는 강의QR 코드 | 링크 주소 :
https://youtu.be/ySobMKcw53Q |

🐰 오브젝트 추가하기

1 [오브젝트 추가하기] 버튼을 클릭하여 [숲속(3)], [공룡], [불(3)], [모닥불] 오브젝트를 추가합니다.

🐰 신호 추가하기

2 [속성] ➡ [신호] ➡ [신호 추가하기] ➡ [불 발사] 신호를 추가합니다.

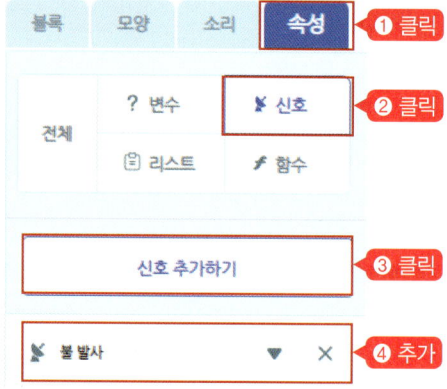

소리 추가하기

3 [🦖 공룡] 오브젝트를 클릭한 후 [소리] 탭을 선택하여 [거센 바람소리] 소리를 추가합니다.

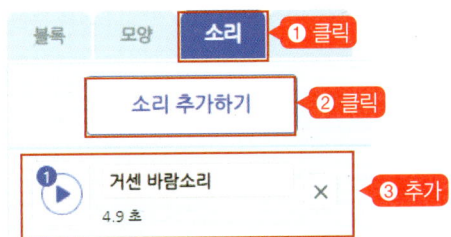

인공지능 기능 추가하기

4 블록의 [인공지능] 탭에서 [인공지능 블록 불러오기]를 클릭하여 [읽어주기]를 불러옵니다.

 **코딩하기**

5 [공룡] 오브젝트를 코딩합니다.

[시작하기 버튼을 클릭했을 때] [맨 앞으로 보내기]하여 공룡 우선 순위를 맨 앞으로 바꿉니다. 작품 사용설명을 읽어줍니다.

[오브젝트를 클릭했을 때] 공룡이 불을 발사할 때 실감나게 표현하기 위해 방향을 회전시켜 움직임을 주고 [거센 바람소리]를 재생합니다.
[불 발사] 신호 보내기를 합니다.

6 [불(3)] 오브젝트를 코딩합니다.

[시작하기 버튼을 클릭했을 때] [공룡] 위치로 이동시켜 공룡 입에서 불이 발사되도록 합니다.
※공룡의 중심점 위치에 따라 불이 발사되는 위치가 달라지므로 공룡 입 주변으로 중심점이 이동되어 있는지 확인해 봅니다.

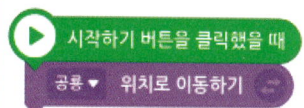

[불 발사 신호를 받았을 때] [2초 동안 모닥불 위치로 이동하기]로 불이 2초 동안 모닥불로 이동하면서 불이 발사됨을 표현합니다.
다음 발사를 위해 [공룡]위치로 이동합니다.

 전체 코드

작품 완성 파일명 : 2_파이어 드래곤.ent

게임에서 점수를 저장하는 방법

선생님 제가 게임에서 점수를 저장하고 싶은데 어떻게 해야 하나요?

변수를 이용하면 값을 저장할 수 있어요.

변수요?

변수란?

변수란 컴퓨터가 정보를 저장하기 위한 공간으로 문자나 숫자 등 다양한 정보를 저장할 수 있어요.
변수는 하나의 정보만 저장이 가능해요. 다른 정보가 저장이 될 경우 그 전에 저장된 정보는 지워집니다. 그래서 맨 마지막 저장된 정보만 기억하고 있어요.

아하~ 그래서 게임을 할 때 점수를 변수에 저장하면 최종 점수를 알 수 있었던 거네요.

작품 03
미사일 쏘기

난이도 ★★☆☆ 주요기능 변수

학습 목표
마우스를 클릭하면 미사일이 발사되고 과녁에 맞으면 점수로 기록하는 작품을 만들어 봅니다.
- [변수]를 이용하여 점수를 저장할 수 있습니다.

 **만들 작품 미리보기**

QR 코드   링크 주소 : https://youtu.be/Y8kQA8vsGhA

🐶 작품 계획하기

1 마우스를 클릭하면 총알이 발사합니다.

2 총알이 발사 될 때 소리를 추가합니다.

3 과녁에 맞으면 점수가 1점 올라갑니다.

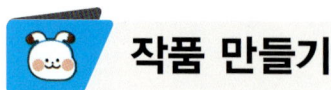 **작품 만들기**   작품 완성 파일명 : 3_미사일쏘기.ent

함께 만드는 강의QR 코드

링크 주소 : https://youtu.be/HNJ1TxhWLQE

 오브젝트 추가하기

1️⃣ [오브젝트 추가하기] 버튼을 클릭하여 [밤하늘(2)], [총알], [전투기(6)], [탐지기] 오브젝트를 추가합니다.

변수 추가하기

2️⃣ [속성] ➡ [변수] ➡ [변수 추가하기] ➡ [점수] 변수를 추가합니다.

소리 추가하기

3️⃣ 오브젝트를 클릭한 후 [소리] 탭을 선택하여 [레이저 발사1] 소리를 추가합니다.

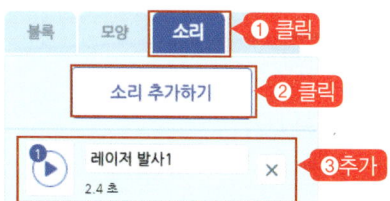

TIP 오브젝트별 우선순위가 있어요

[오브젝트별 우선순위 관리하는 방법]

1. 오브젝트 목록에서 위에 있는 것이 우선순위가 높아 밑에 있는 오브젝트 위에 표시됩니다.

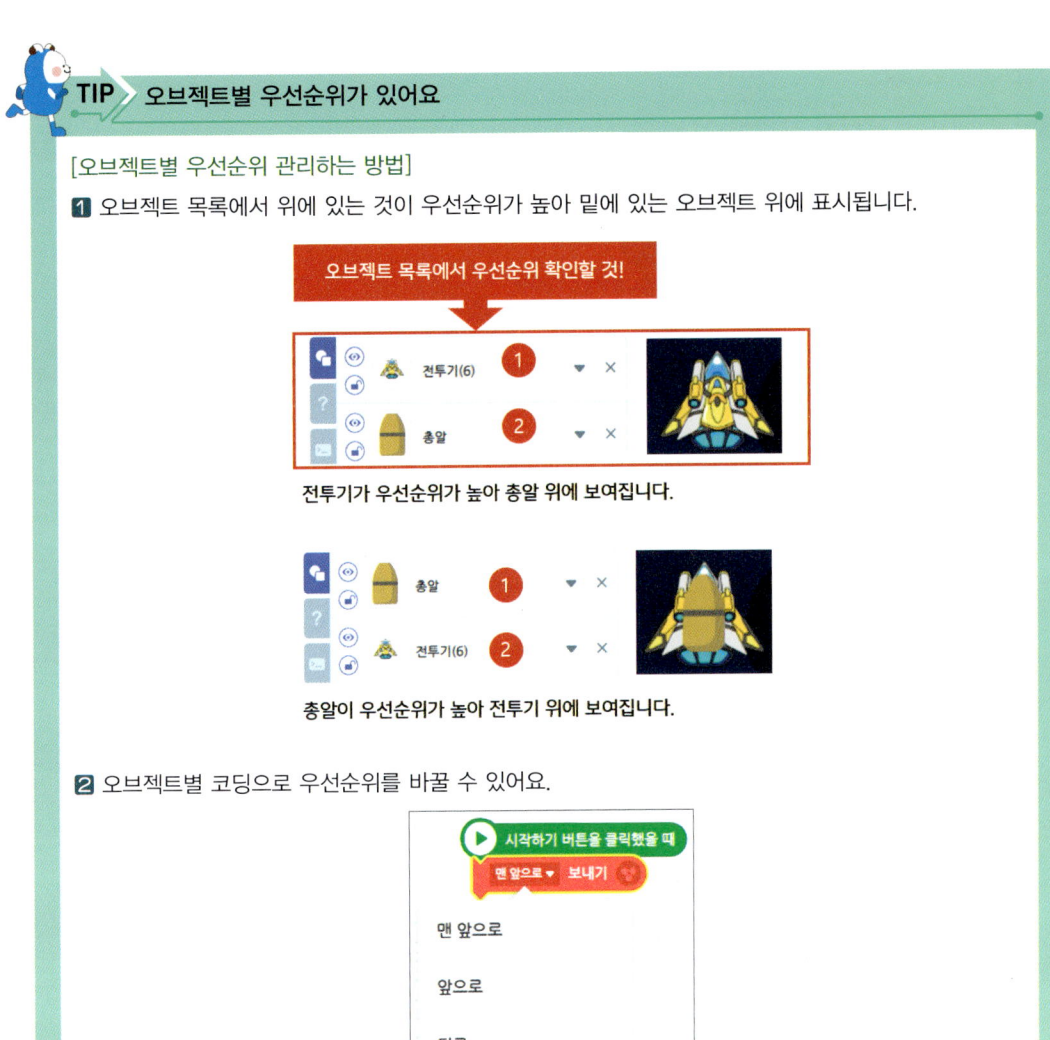

전투기가 우선순위가 높아 총알 위에 보여집니다.

총알이 우선순위가 높아 전투기 위에 보여집니다.

2. 오브젝트별 코딩으로 우선순위를 바꿀 수 있어요.

 코딩하기

4 [총알] 오브젝트를 코딩합니다.

[시작하기 버튼을 클릭했을 때] 게임 방법을 2초 동안 말하기 합니다.

[탐지기에 닿을 때까지] 총알이 위쪽으로 이동하기 위해 [y좌표]를 10만큼 바꾸기 합니다. 만약 과녁으로 사용되는 [탐지기]에 닿았다면 [맞춘 점수] 변수에 1점을 증가시켜 저장합니다. 다음 발사 준비를 위해 총알을 [전투기(6)] 위치로 이동합니다.

5 [전투기(6)] 오브젝트를 코딩합니다.

[시작하기 버튼을 클릭했을 때] 오브젝트별 우선순위에서 전투기가 가장 위에 보여지게 하기 위해 [맨 앞으로 보내기] 합니다.

 **전체코드**

작품 완성 파일명 : 3_미사일쏘기.ent

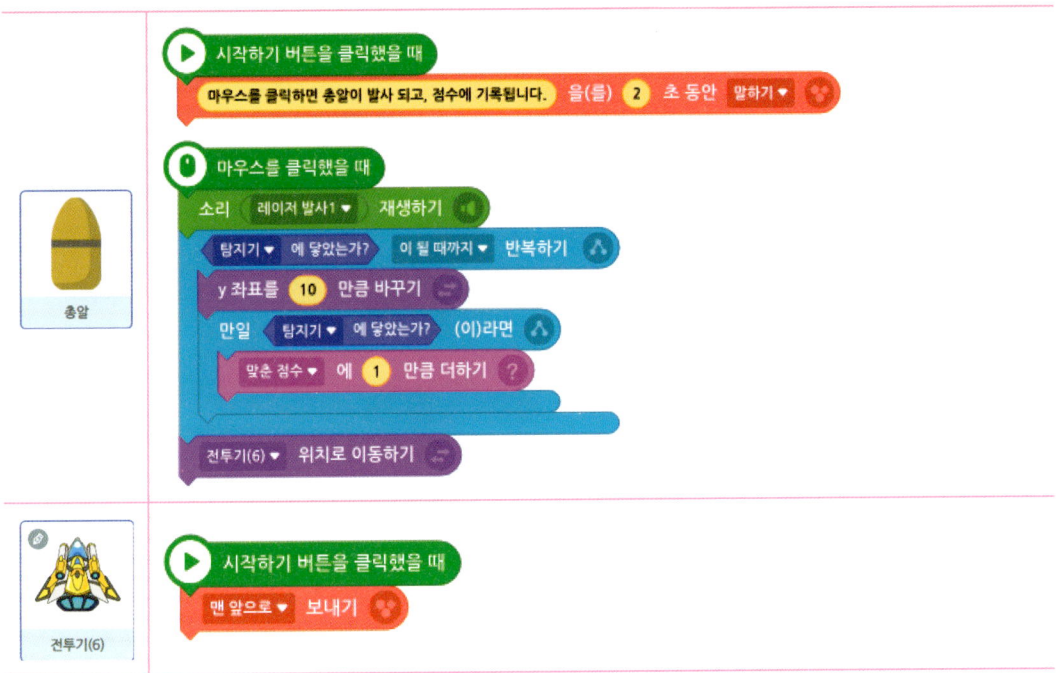

게임에서 반복 횟수를 입력받는 방법

선생님 제가 게임에서 폭탄이나 장애물을 떨어뜨리는 개수를 직접 결정하고 싶어요. 어떻게 하면 될까요?

[묻고 대답 기다리기]를 이용하여 떨어뜨릴 폭탄 개수를 입력 받을 수 있고, 개수 만큼 [반복]하여 폭탄을 떨어뜨릴 수 있어요.

[묻고 대답 기다리기]? [반복]?

[묻고 대답하기]? [반복]

컴퓨터도 사람처럼 외부로부터 정보를 받아들이고 표현하는 입력과 출력 과정이 있습니다. 엔트리에서는 [묻고 대답하기]를 통해 사용자로부터 정보를 받아들여 그 값을 게임에 이용할 수 있습니다.

반복이란? 동일한 작업을 여러 번 반복해야 할 때 사용하면 똑같은 효과를 간결하게 표현할 수 있어 좋아요.

아하~ [묻고 대답하기]를 통해 사용자로부터 정보를 받아들이고, [반복]을 이용하여 똑같은 효과를 간결하게 표현할 수 있어 좋은것 같아요.

작품 04

폭탄 떨어뜨리기

난이도 ★★☆☆☆ **주요기능** 반복, 입출력

학습 목표
플레이어에게 장애물 투하 횟수를 입력받고, 그 값을 이용하여 폭탄이 떨어지는 작품을 만들어 봅니다.
- [묻고 대답 기다리기]를 사용하여 정보를 입력받고, [대답]을 이용할 수 있습니다.
- [반복하기]를 사용하여 간결하게 코딩할 수 있습니다.

 **만들 작품 미리보기**   QR 코드 링크 주소 : https://youtu.be/hnSOkNM2gX0

작품 계획하기

1. 폭탄을 몇 개 투하할지 [묻고 대답 기다리기] 합니다.
2. [대답] 만큼 반복하며 폭탄을 떨어뜨립니다.
3. [아래쪽 벽에 닿으면] 폭탄 터지는 소리가 나며, 폭탄이 터집니다.

 **작품 만들기**

작품 완성 파일명 : 4_폭탄 떨어뜨리기.ent

함께 만드는 강의QR 코드	링크 주소 : https://youtu.be/sFhk0C5B4qs

오브젝트 추가하기

1 [오브젝트 추가하기] 버튼을 클릭하여 [협곡], [폭탄] 오브젝트를 추가합니다.

소리 추가하기

2 [폭탄] 오브젝트를 클릭한 후 [소리] 탭을 선택하여 [폭탄폭발] 소리를 추가합니다.

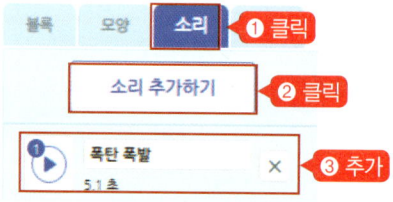

 **코딩하기**

3 [폭탄] 오브젝트를 코딩합니다.

[시작하기 버튼을 클릭했을 때] 폭탄의 이동 방향을 아래로 하기 위해 [이동 방향을 180으로 정하기] 합니다. 사용 방법을 2초 동안 말하기 합니다.

[스페이스 키를 눌렀을 때] 폭탄을 몇 개나 투하할지 [~을 묻고 대답 기다리기] 합니다. 엔터를 치면 [대답]에 횟수가 저장됩니다. 그 횟수만큼 반복하여 폭탄을 떨어뜨립니다. 반복하는 내용입니다.
- [폭탄_안터진 모양으로 바꾸기] 합니다.
- x=[-240부터 240사이의 무작위 수]로 랜덤하게 결정, y=130 위치로 이동합니다.
- [아래쪽 벽에 닿았을 때까지 반복하기]로 이동 방향으로 5만큼 이동합니다.
- [아래쪽 벽에 닿았다면] [폭탄_터진 모양으로 바꾸기], [폭탄 폭발] 소리 0.5초 재생하기 합니다.

 **전체코드**

작품 완성 파일명 : 4_폭탄 떨어뜨리기.ent

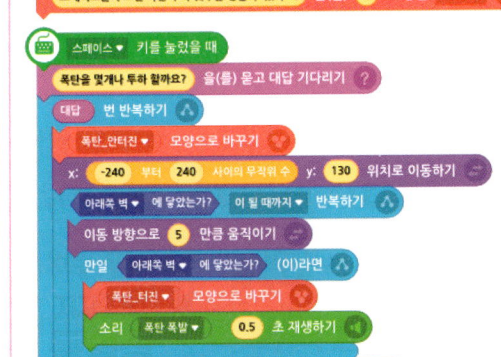

게임에서 상하좌우 움직이는 방법

선생님! 키보드를 누르면 화면의 오브젝트를 움직여야 하는데 잘 안돼요. 이상한 곳으로 가요.

우선 화면에서 오브젝트를 움직이기 위해서는 좌표를 알아야 해요.

[좌표]?

[좌표] 알고가기

좌표란? 공간의 한 점의 위치를 숫자로 표현한 것입니다.

실행화면의 정중앙을 원점 (x:0,y:0)입니다.

X 좌표값 범위: −240~240
Y 좌표값 범위: −135~135

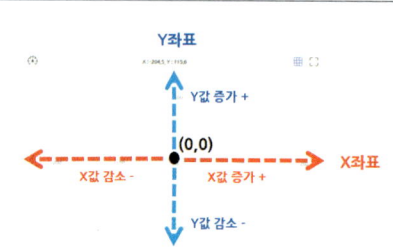

좌표를 이해했다면 오브젝트를 화면에서 오른쪽으로 움직이고 싶을 때 어떤 값을 변경시키면 될까요?

좌우로 움직이는 건 X값 맞죠? 오른쪽이면 X값을 크게 바꾸면 될 것 같아요.

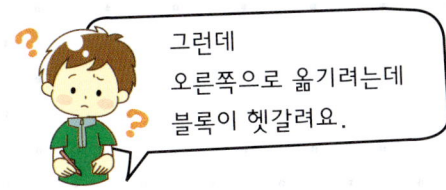

그런데 오른쪽으로 옮기려는데 블록이 헷갈려요.

오브젝트 움직일 때 상대 좌표와 절대 좌표가 있어요.

[상대 좌표][절대 좌표] 알고가기

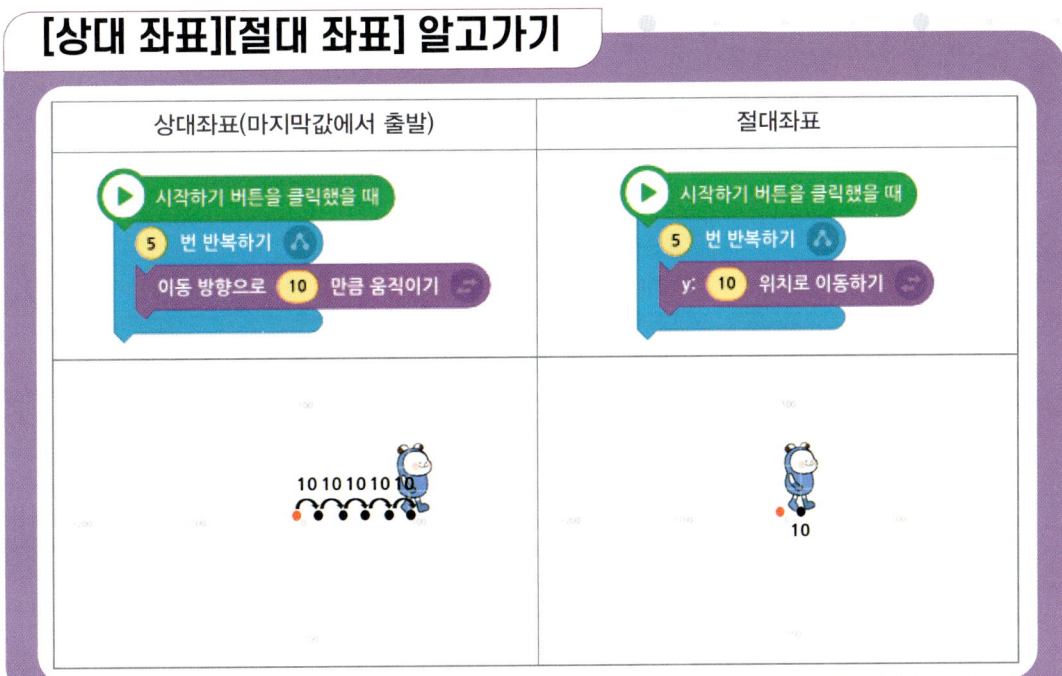

그런데요. 왼쪽으로 이동시키키려고 하는데 엔트리봇이 뒷걸음질 쳐요 뒤로 돌아서 걷게 하고 싶어요.

오브젝트에는 다양한 속성이 있어요. 방향, 이동방향, 중심점을 알려줄게요.

[오브젝트 속성] 알고가기

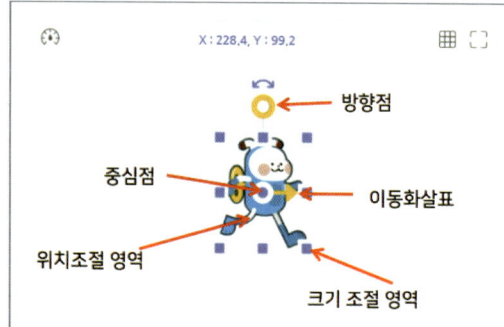

1. 오브젝트 : 명령어를 통해 움직일 수 있음.(캐릭터, 사물, 글상자, 배경 등)
2. 방향점 : 오브젝트의 회전
3. 중심점 : 오브젝트 움직임이 있을 때 중심점을 기준으로 움직임.
4. 위치조절영역 : 오브젝트의 위치이동
5. 이동화살표 : 오브젝트의 이동
6. 크기조절 : 오브젝트의 크기 조절

회전할 때 방향을 바꿔주면 되겠네요.

이제 키보드를 눌렀을 때 상하좌우 움직일 수 있는 방법을 알려주세요.

키드보로부터 입력을 받아서 입력 방향대로 오브젝트를 이동시키고 싶구나.
[*키가 눌렸을 때~] 이벤트를 이용하는 방법과 반복해서
키가 눌렸는지 검사하는 2가지 방법이 있어요.
좌표와 오브젝트의 속성을 이해했다면
쉽게 만들 수 있을 거야.

작품 05 자동차 조종하기

난이도 ★★☆☆☆ **주요기능** 좌표, 모양, 이동 방향

학습 목표
좌표와 오브젝트의 속성 정보를 이해하며 화살표 키보드를 이용하여 화면의 오브젝트를 움직이는 작품을 만들어 봅니다.
- [좌표], [오브젝트의 속성]을 이용하여 화면에서 오브젝트의 위치를 이동시킬 수 있습니다.

만들 작품 미리보기

QR 코드 링크 주소 : https://youtu.be/v3D903iVzKk

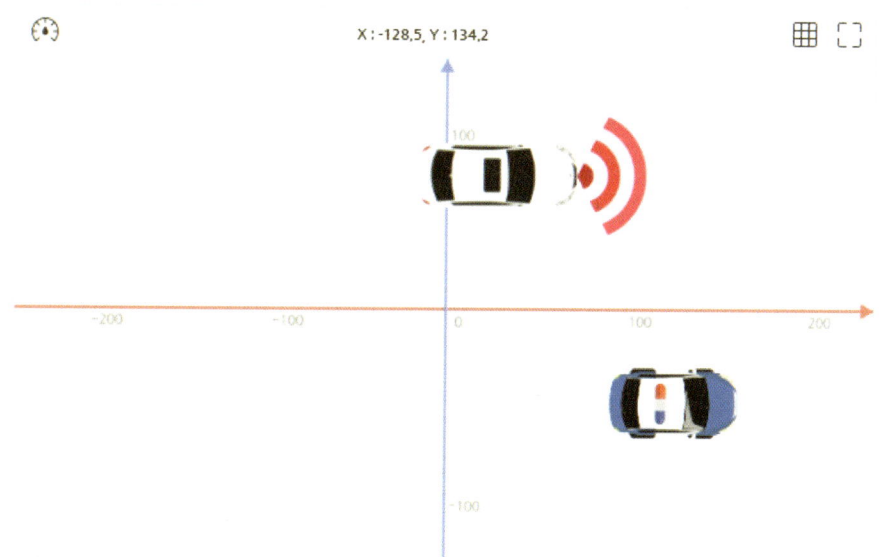

 **작품 계획하기**

1. [센서달린 자동차]는 반복하기 안에서 키가 눌린 경우를 검사하여 이동시킵니다.
2. [파란 경찰차]는 이벤트 블록으로 이동시킵니다.

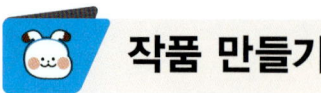 **작품 만들기**   작품 완성 파일명 : 5_자동차조종하기.ent

함께 만드는 강의QR 코드

링크 주소 :
https://youtu.be/4w_2sWiOqUE

오브젝트 추가하기

1 [오브젝트 추가하기] 버튼을 클릭하여 [모눈종이], [파란경찰차], [센서달린 자동차] 오브젝트를 추가합니다

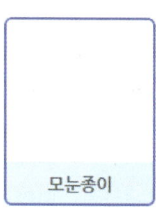  

모눈종이   파란 경찰차   센서달린 자동차

코딩하기

2 [센서달린 자동차] 오브젝트를 코딩합니다.

[시작하기 버튼을 클릭했을 때] 계속 반복하면서 키가 눌렸는지 체크하고, 키가 눌린 경우에 따라 좌표를 바꿔줍니다.

센서달린 자동차

```
시작하기 버튼을 클릭했을 때
계속 반복하기
  만일  위쪽 화살표▼ 키가 눌러져 있는가?  (이)라면
    방향을 270° (으)로 정하기
    y 좌표를 5 만큼 바꾸기
  만일  아래쪽 화살표▼ 키가 눌러져 있는가?  (이)라면
    방향을 90° (으)로 정하기
    y 좌표를 -5 만큼 바꾸기
  만일  왼쪽 화살표▼ 키가 눌러져 있는가?  (이)라면
    방향을 180° (으)로 정하기
    x 좌표를 -5 만큼 바꾸기
  만일  오른쪽 화살표▼ 키가 눌러져 있는가?  (이)라면
    방향을 0° (으)로 정하기
    x 좌표를 5 만큼 바꾸기
```

❸ [파란 경찰차] 오브젝트를 코딩합니다.

[위쪽 화살표 키가 눌렸을 때] 방향을 90도로 정하고, Y좌표를 + 로 바꿔줍니다.
※ 파란 경찰차의 방향, 이동 방향, 자동차의 정면의 위치를 잘 확인하고 방향을 정해줘야 합니다.

[아래쪽 화살표 키가 눌렸을 때] 방향을 270도로 정하고, Y좌표를 - 로 바꿔줍니다.

[왼쪽 화살표 키가 눌렸을 때] 방향을 0도로 정하고, x 좌표를 - 로 바꿔줍니다.

[오른쪽 화살표 키가 눌렸을 때] 방향을 180도로 정하고, x 좌표를 + 로 바꿔줍니다.

TIP 오브젝트의 방향, 이동 방향 살펴보기

오브젝트가 갖고 있는 기본 방향과, 이동 방향을 확인합니다.

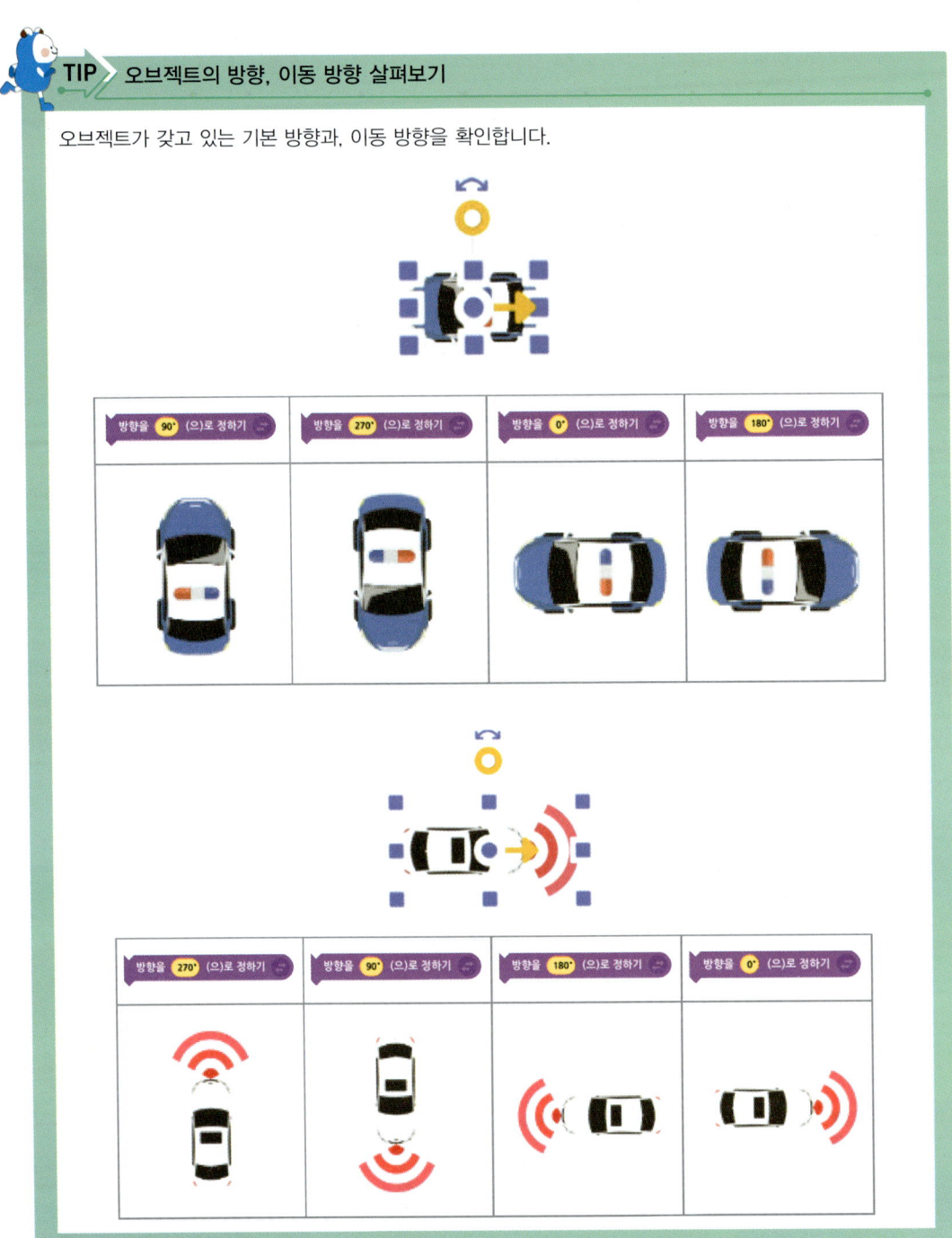

 **전체 코드**

작품 완성 파일명 : 5_자동차조종하기.ent

게임에서 배경을 움직이는 방법

선생님 제가 게임에서 움직이는 배경을 만들어 실감나는 게임을 하고 싶은데 방법이 있나요?

실행화면에 보이는 좌표 범위를 이용하여 배경오브젝트의 좌표를 변화시켜 움직이는 배경을 만들 수 있어.

실행화면의 좌표 범위요?

[실행화면의 좌표 범위] 알고가기

실행화면은 x축(가로축)방향으로 -240 ~ 240으로 가로축 너비는 480, y축(세로축) 방향으로 -135 ~ 135로 세로축 너비는 270으로 이루어져 있습니다.

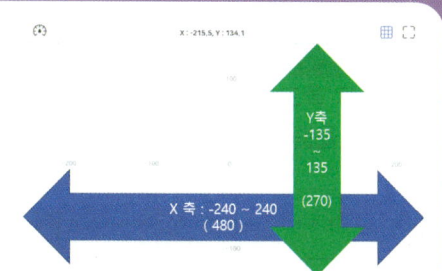

[아래로 움직이는 배경]을 만들기 위해서는 [배경-A], [배경-B] 2개의 배경 화면을 y좌표를 동시에 이동시키면 움직이는 것처럼 보입니다.
[배경-A] 혹은 [배경-B]의 Y좌표값이 -270이 되면 Y좌표 270으로 이동합니다.
이것을 반복하면 움직이는 배경이 됩니다.

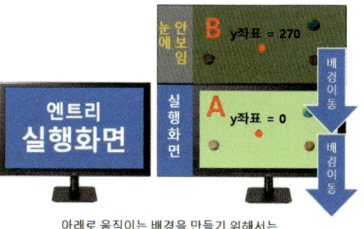
아래로 움직이는 배경을 만들기 위해서는 [배경-A], [배경-B] 2개의 배경 화면을 y좌표를 동시에 이동시키면 움직이는 것처럼 보입니다.

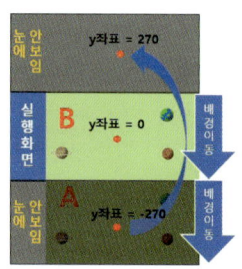
[배경-A] 혹은 [배경-B]의 Y좌표값이 -270이 되면 Y좌표 270으로 이동합니다.
이것을 반복하면 움직이는 배경이 됩니다.

아하~ 실행화면에 보이는 좌표 범위를 이용하여 배경오브젝트의 좌표를 변화시키면 움직이는 배경을 만들 수 있는거군요.

작품 06

스케이트를 타요

| 난이도 | ★★☆☆☆ | 주요기능 | 좌표 |

학습 목표
[배경] 화면의 x좌표를 움직여 [옆으로 움직이]는 배경을 만들어 봅시다.
- 실행화면의 x축, y축 좌표를 이해할 수 있습니다.
- x 좌표값을 이동시켜 움직이는 작품을 만들 수 있습니다.

 만들 작품 미리보기

QR 코드 링크 주소 :
https://youtu.be/viqA3kZtM5Q

작품 계획하기

1 [배경] 화면 똑같은 것 2개를 만들기 위해 [배경] 오브젝트를 [복제]합니다.

2 [시작하기 버튼]을 클릭했을 때 [실행화면]에 보이는 [배경], 보이지 않지만 [복제배경] 위치를 정해줍니다.

3 x좌표를 반복해서 왼쪽으로 이동시킵니다.

4 [실행화면]에서 [배경]이 보이지 않을 때, x좌표를 이동시켜 다시 보이게 합니다.

 **작품 만들기**　　작품 완성 파일명 : 6_스케이트를 타요.ent

함께 만드는 강의QR 코드　　링크 주소 :
https://youtu.be/wVjyI7brIxE

오브젝트 추가하기

1️⃣ [오브젝트 추가하기] 버튼을 클릭하여 [겨울 숲], [스케이트 엔트리봇] 오브젝트를 추가합니다.

오브젝트 복제하기

2️⃣ [겨울 숲] 오브젝트에 마우스 커서를 놓고 오른쪽 마우스 버튼을 클릭합니다. [복제하기]를 누르면 화면이 복제됩니다.

※ 동일한 코드를 사용할 때 코딩이 끝난 후 복제하면 코드도 같이 복제됩니다.

3️⃣ 오브젝트 목록에서 복제된 [겨울 숲 1]을 확인합니다.

076　만들면서 배우는 40개의 엔트리 게임 + 인공지능 게임

소리 추가하기

4 [스케이트 엔트리봇] 오브젝트를 클릭 한 후 [소리] 탭을 선택하여 [오후의 라이딩] 소리를 추가합니다.

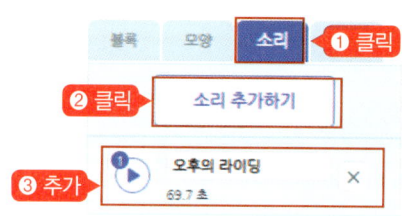

> **TIP** 실행화면 좌표에 대해 알아봐요

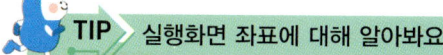

실행화면 위에 ⊞모눈종이를 클릭하면 좌표가 표시되도록 합니다. 실행화면은 x축(가로축)방향으로 -240 ~ 240으로 가로축 너비는 480, y축(세로축) 방향으로 -135 ~ 135로 세로축 너비는 270으로 이루어져 있습니다.

옆으로 움직이는 배경을 만들기 위해서는 [배경-A], [배경-B] 2개의 배경 화면을 x좌표를 동시에 이동시키면 움직이는 것처럼 보입니다.

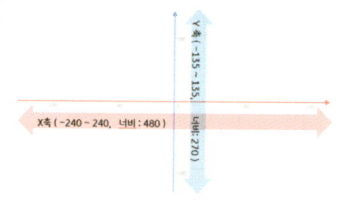

[배경A]의 X= -480이라면 [배경A]를 X=480으로 위치 이동한 후 다시 반복하여 X좌표를 왼쪽 방향으로 이동시킵니다.

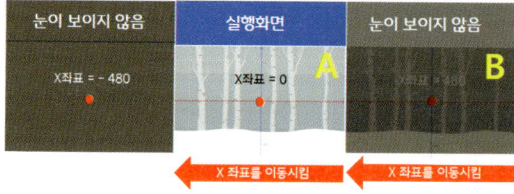

[배경B]의 X= -480이라면 [배경B]를 X=480으로 위치 이동한 후 다시 반복하여 X좌표를 왼쪽 방향으로 이동시킵니다.

위와 같이 동일한 배경화면으로 x좌표를 이동시켜 반복시키면 움직이는 배경화면을 만들 수 있습니다.

 코딩하기

5 [겨울 숲] 오브젝트를 코딩합니다.

[시작하기 버튼을 클릭 했을 때] 배경을 왼쪽으로 이동시키기 위해[x좌표]를 -3만큼 바꿔줍니다. x 좌표값이 -480이하가 되면 [x좌표]를 480으로 이동시킵니다.

6 [겨울 숲1] 오브젝트를 코딩합니다.

[시작하기 버튼]을 클릭했을 때 실행화면에는 보이지 않지만 [x좌표] 480 위치로 이동합니다. 배경을 왼쪽으로 이동시키기 위해 [x좌표]를 -3만큼 바꿔줍니다. x좌표값이 -480이하가 되면 [x좌표] 480으로 이동시킵니다.

7 [스케이트 엔트리봇] 오브젝트를 코딩합니다.

[시작하기 버튼을 클릭했을 때] [좌우 모양 뒤집기]하여 이동방향으로 움직이는 표현을 하고, 사용 설명을 2초동안 말하기 합니다. 배경 음악으로 [오후의 라이딩]을 반복하여 재생합니다.

[마우스를 클릭했을 때] 점프를 하기 위해 [y좌표를 ~만큼 바꾸기] 블록을 이용하여 40만큼 바꾼 후 0.2초 기다리고 다시 -40만큼 바꿔줘 원위치로 돌아갑니다.

전체 코드

작품 완성 파일명 : 6_스케이트를 타요.ent

겨울 숲
- 시작하기 버튼을 클릭했을 때
- 계속 반복하기
  - x 좌표를 -3 만큼 바꾸기
  - 만일 <자신의 x 좌푯값> ≤ -480 (이)라면
    - x: 480 위치로 이동하기

겨울 숲1
- 시작하기 버튼을 클릭했을 때
- x: 480 위치로 이동하기
- 계속 반복하기
  - x 좌표를 -3 만큼 바꾸기
  - 만일 <자신의 x 좌푯값> ≤ -480 (이)라면
    - x: 480 위치로 이동하기

스케이트 엔트리봇
- 시작하기 버튼을 클릭했을 때
- 좌우 모양 뒤집기
- 마우스를 클릭하면 점프! 을(를) 2 초 동안 말하기
- 계속 반복하기
  - 소리 오후의 라이딩 재생하고 기다리기

- 마우스를 클릭했을 때
- y 좌표를 40 만큼 바꾸기
- 0.2 초 기다리기
- y 좌표를 -40 만큼 바꾸기

게임에서 같은 기능을 활용하는 방법

선생님 제가 게임에서 여러 오브젝트에 반복적으로 사용되는 여러 블록을 간단한 블록으로 표현할 수 있는 방법이 있나요?

여러 블록의 조립을 하나의 블록처럼 사용할 수 있는 함수를 사용하면 됩니다.

함수요?

함수란?

함수란 특별한 기능을 갖고 있는 블록 꾸러미라고 생각하면 됩니다. 함수를 이용하면 여러 블록의 조립을 하나의 블록으로 사용할 수 있어 조립이 간편하고 쉽게 코딩할 수 있습니다.

아하~ 그러면 특별한 기능을 갖고 있는 함수를 잘 만들면 똑같은 기능이 필요할 때 그 함수를 호출하여 쉽게 코딩할 수 있어 좋을 것 같아요.

작품 07

모양 변하는 아이템

난이도 ★★☆☆☆ **주요기능** 함수

학습 목표
아이템 이동, 모양을 변화시키는 기능이 들어 있는 [함수]를 만들 수 있고, 아이템 추가 시 만들어진 함수를 필요할 때 호출하여 사용하는 작품을 만들어 봅니다.
- 움직이며 모양 바꾸기, 제자리에서 모양 바꾸기, 크기/색깔 효과를 낼 수 있는 [함수]를 만들 수 있습니다.
- 오브젝트 모양이 [묶음]으로 제공 되는 오브젝트는 함수를 이용하여 기능을 추가할 수 있습니다.

 **만들 작품 미리보기** QR 코드 링크 주소 : https://youtu.be/cfIcJ_vkMCg

 작품 계획하기

1 움직이며 모양 바꾸는 [함수]를 만듭니다.

2 제자리에서 모양 바꾸는 [함수]를 만듭니다.

3 크기/색깔 효과를 내며 반복횟수를 입력받은 [함수]를 만듭니다.

4 [묶음] 모양이 들어있는 오브젝트에 [함수]를 이용하여 쉽게 기능을 추가합니다.

> **TIP** 엔트리에서 함수 사용법을 알아봐요

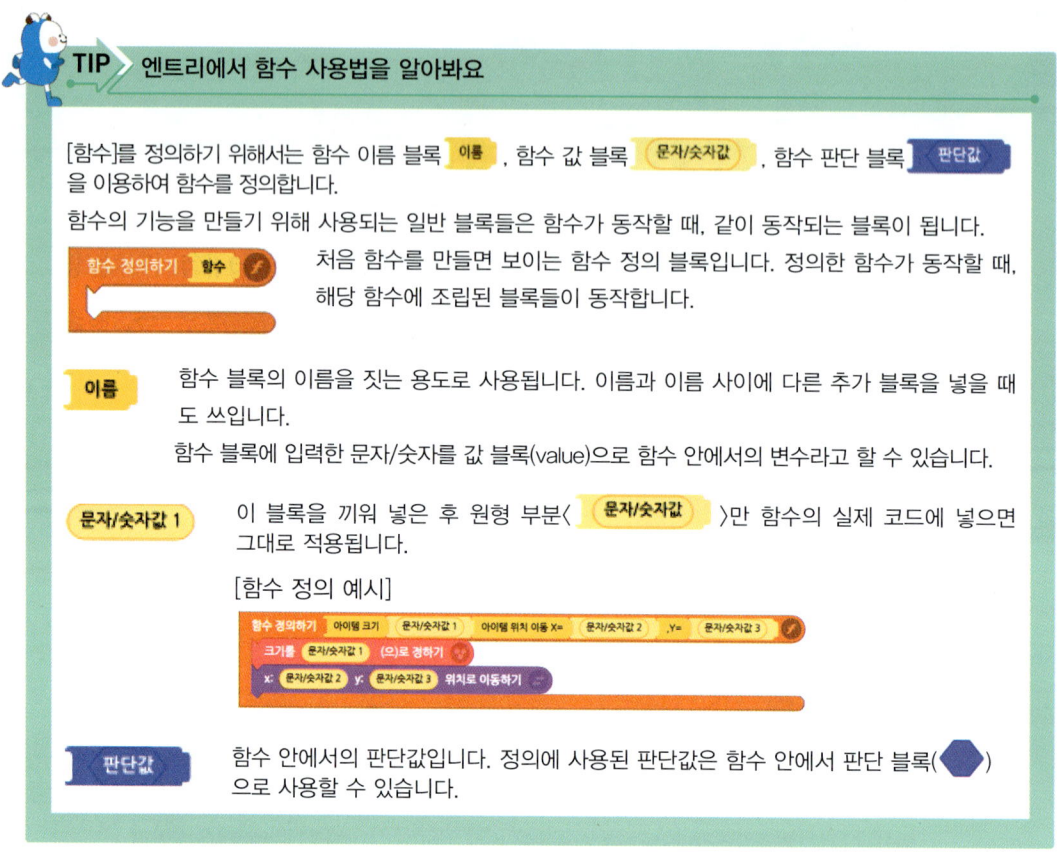

작품 만들기

작품 완성 파일명 : 7_모양 변하는 아이템.ent

| 함께 만드는 강의QR 코드 | 링크 주소 :
https://youtu.be/k3hvSNrdrEs |

오브젝트 추가하기

1 [오브젝트 추가하기] 버튼을 클릭하여 [용암], [회전하는 별], [동전], [묶음] 점프 옆모습 (1)] 오브젝트를 추가합니다.

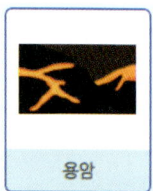
용암

회전하는 별

동전

[묶음] 점프 옆모...

함수 추가하기

2 [속성] ➡ [함수] ➡ [함수 추가하기] ➡ [제자리에서 모양바꾸기, 움직이며 모양 바꾸기, 아이템효과] 함수를 추가합니다.

1) [제자리에서 모양 바꾸기] 함수를 추가합니다.

계속 반복하며 [다음 모양으로 바꾸기]하고 0.2초 기다리는 것을 반복하는 함수입니다.

2) [움직이며 모양 바꾸기] 함수를 추가합니다.

계속 반복하여 이동방향으로 20만큼 움직이고 [다음 모양으로 바꾸기]하고 0.1초 기다립니다. 만약 [화면 끝에 닿으면 튕기기] 하는 것을 반복하는 함수입니다.

3) [아이템 효과_반복횟수 입력] 함수를 추가합니다.

함수 사용 시 [문자/숫자값1]을 입력해 주면 입력한 값만큼 반복하여 크기, 색깔 효과를 변화시키고 [다음 모양으로 바꾸기] 합니다. 원래 상태로 돌아가기 위해 입력한 값만큼 번 반복하여 크기, 색깔 효과를 작게 변화시키고 [다음 모양으로 바꾸기] 합니다.

코딩하기

3 [동전] 오브젝트를 코딩합니다.

[시작하기 버튼을 클릭했을 때] 계속반복하며 이동방향으로 20만큼 움직이고 [다음] 모양으로 바꾸고 0.1초 기다린 후 [화면에 닿으면 튕기기]를 하는 기능을 [움직이며 모양 바꾸기] 함수로 간결하게 코딩할 수 있습니다.

4 [[묶음] 점프 옆모습(1)] 오브젝트를 코딩합니다.

[시작하기 버튼을 클릭했을 때] 계속 반복하며 [다음 모양으로 바꾸기]하고 0.2초 기다리는 것을 반복하는 기능을 [제자리에서 모양 바꾸기] 함수로 간결하게 코딩할 수 있습니다.

5 [회전하는 별] 오브젝트를 코딩합니다.

[시작하기 버튼을 클릭했을 때] 함수 사용 시 [문자/숫자값1]을 입력해 주면 입력한 값만큼 반복하여 크기, 색깔 효과를 크게 변화시키고 [다음 모양으로 바꾸기] 합니다. 원래 상태로 돌아가기 위해 입력한 값만큼 번 반복하여 크기, 색깔 효과를 작게 변화시키고 [다음 모양으로 바꾸기]하는 기능을 [아이템 효과_반복횟수 입력] 함수로 간결하게 코딩할 수 있습니다.

전체 코드

작품 완성 파일명 : 7_모양 변하는 아이템.ent

 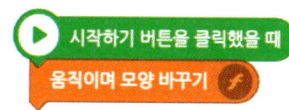

게임에서 진행 상태를 표시하는 방법

선생님 제가 게임에서 현재 에너지 상태 변화를 화면에 보여 주고 싶은데 방법이 있을까요?

붓 블록에 있는 그리기 블록을 이용하여 에너지 상태를 그려 주면 됩니다.

붓 블록이요?

붓 블록

붓 블록에는 도장찍기, 그리기, 채우기, 붓의 속성 등을 제어하는 블록이 제공됩니다. 나의 에너지 상태를 100이라고 할 때 두 가지 색깔로 남은 에너지, 사용한 에너지를 그려 준다면 현재 에너지 상태를 보여 줄 수 있습니다.

아하~ 붓 블록에 있는 그리기 블록을 이용하면 에너지 상태를 그려서 표현할 수 있는 거군요.

작품 08

헌 집 줄게, 새 집 다오

난이도 ★★★☆☆ **주요기능** 장면, 상태바, 붓

학습 목표	변하는 상태바를 표시하는 방법과 장면을 추가하는 작품을 만들 수 있습니다. • [붓]을 이용하여 [통나무집 생명바]의 변화를 표현할 수 있습니다. • [신호]를 이용하여 특정 오브젝트를 제어할 수 있습니다. • 새로운 [장면]을 추가 할 수 있습니다.

만들 작품 미리보기

QR 코드 링크 주소 : https://youtu.be/PxvpR2aDnMY

작품 계획하기

1 도끼는 [마우스 포인터]를 따라 움직이며 [마우스를 클릭했을 때] 도끼가 회전하며 도끼질을 합니다.

2 [마우스를 클릭했을 때] 그리고 [통나무집]에 닿았다면 [통나무집 생명바]에서 생명이 5%씩 줄어듭니다.

3 [통나무집 생명바]가 0%가 되면 통나무집이 무너지고 [새집] 장면으로 이동합니다.

4 [새집] 장면이 시작되면 흥겨운 노래가 나오고 집이 커집니다.

 **작품 만들기**　　　작품 완성 파일명 : 8_헌 집 줄게_ 새 집 다오.ent

| 함께 만드는 강의QR 코드 | 링크 주소 : https://youtu.be/ePxmB1uV5Gs |

[장면] 추가하기

1 [장면1] 옆의 [+]를 눌러 [장면2]를 추가하고 장면의 이름을 [헌 집], [새 집]으로 수정합니다.

[헌집] 장면 오브젝트 추가하기

2 [오브젝트 추가하기] 버튼을 클릭하여 [모래시장], [통나무집], [도끼(1)], [동그란 버튼] 오브젝트를 추가합니다.

3 [통나무집] 오브젝트의 [모양] ➡ [모양 추가하기] ➡ [부서진 통나무집_1] 모양을 추가합니다.

[새집] 장면 오브젝트 추가하기

4 [오브젝트 추가하기] 버튼을 클릭하여 [휴양섬], [예쁜집] 오브젝트를 추가합니다.

변수 추가하기

5 [속성] ➡ [변수] ➡ [변수 추가하기] ➡ [통나무집 생명바] 변수를 추가합니다.

신호 추가하기

6 [속성] ➡ [신호] ➡ [신호 추가하기] ➡ [생명바 표시] 신호를 추가합니다.

🐶 소리 추가하기

7 각각의 오브젝트를 클릭한 후 [소리] 탭을 선택하여 소리를 추가합니다.

[통나무집] - [바위 부서지는 소리, 큰 탐 탐]   [예쁜집] - [햇볕은 쨍쨍]

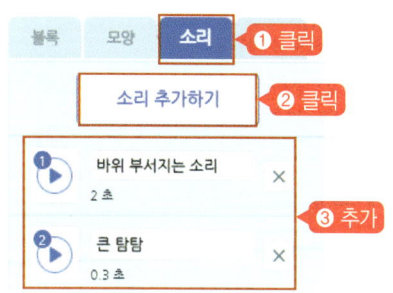 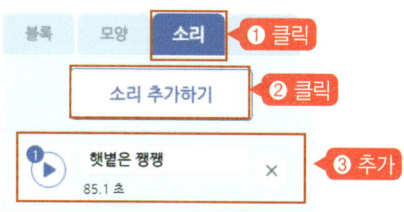

🐶 [헌집] 장면 코딩하기

8 [통나무집] 오브젝트를 코딩합니다.

[시작하기 버튼을 클릭했을 때] [마우스를 클릭했는가] 그리고 [도끼(1)]에 닿았는가를 계속 반복하여 체크합니다. 닿았다면 [큰 탐탐] 소리를 재생하고 [통나무집 생명] 변수 값에서 생명을 5%씩 줄이고 [생명바 표시] 신호를 보냅니다.
[통나무집 생명] 값이 = 0%라면 [부서진 통나무집_1] 모양으로 바꾸기, [바위 부서지는 소리]를 내며 [새집] 장면 시작하기를 합니다.

9 [동그란 버튼] 오브젝트를 코딩합니다.

[시작하기 버튼을 클릭했을 때] [통나무집 생명] 변수의 값을 100으로 정하고, [동그란 버튼]의 위치를 정해줍니다. 크기를 붓의 크기와 동일하게 30으로 정하고 [모양]을 숨긴 후 [생명바 표시] 신호 보내기 합니다.

[생명바 표시] 신호를 받았을 때, 기준이 되는 위치로 이동합니다.
[그리기의 굵기]는 30으로 정하고 그리기 시작합니다. x좌표를 기준으로 [통나무집 생명]만큼 빨간색으로 표시바를 그립니다. 그리기 색을 분홍색으로 바꿉니다. 빨간색으로 칠한 이후의 x좌표를 기준으로 (100-통나무 생명값) 만큼 분홍색으로 그립니다.

[헌집] 장면

10 [도끼(1)] 오브젝트를 코딩합니다.

[시작하기 버튼을 클릭했을 때] 계속 반복하여 [마우스포인터]위치로 이동합니다. [마우스를 클릭 했다면] 방향을 300도만큼 회전하고 0.1초 기다렸다 다시 방향을 60도만큼 회전시키며 도끼질하는 움직임을 표현합니다.

[헌집] 장면

도끼의 중심점을 이동합니다!!

[새집] 장면 코딩하기

11 [예쁜집] 오브젝트를 코딩합니다.

[장면이 시작되었을 때] 새집 장면에 불필요한 [통나무집 생명]변수를 숨깁니다. [햇볕은 쨍쨍] 소리를 재생하고 환영 인사를 하며 집을 키워 환영합니다.

[새집] 장면

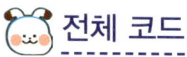

전체 코드

작품 완성 파일명 : 8_헌 집 줄게_ 새 집 다오.ent

[헌집] 장면

[헌집] 장면 — 동그란 버튼

- 시작하기 버튼을 클릭했을 때
  - 통나무집 생명 ▼ 를 100 (으)로 정하기
  - x: -150 y: 100 위치로 이동하기
  - 크기를 30 (으)로 정하기
  - 모양 숨기기
  - 생명바 표시 ▼ 신호 보내기

- 생명바 표시 ▼ 신호를 받았을 때
  - x: -150 y: 100 위치로 이동하기
  - 그리기 굵기를 30 (으)로 정하기
  - 그리기 시작하기
  - 그리기 색을 ■ (으)로 정하기
  - x 좌표를 (통나무집 생명 ▼ 값) 만큼 바꾸기
  - 그리기 색을 ■ (으)로 정하기
  - x 좌표를 (100 - 통나무집 생명 ▼ 값) 만큼 바꾸기
  - 그리기 멈추기

[헌집] 장면 — 도끼(1)

- 시작하기 버튼을 클릭했을 때
  - 계속 반복하기
    - 마우스포인터 ▼ 위치로 이동하기
    - 만일 〈마우스를 클릭했는가?〉 (이)라면
      - 방향을 300° 만큼 회전하기
      - 0.1 초 기다리기
      - 방향을 60° 만큼 회전하기

[새집] 장면 — 예쁜집

- 장면이 시작되었을 때
  - 변수 통나무집 생명 ▼ 숨기기
  - 소리 햇볕은 쨍쨍 ▼ 재생하기
  - 새 집에 오신 것을 환영합니다!!! 을(를) 말하기 ▼
  - 크기를 50 만큼 바꾸기
  - 1 초 기다리기
  - 크기를 100 만큼 바꾸기

게임에서 점프하는 방법

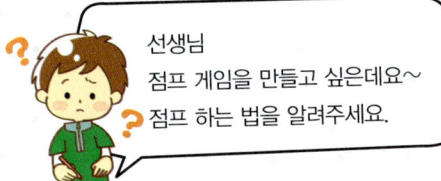

선생님
점프 게임을 만들고 싶은데요~
점프 하는 법을 알려주세요.

우선 좌표를 이해해야 해요. 위로 뛰고 내려오는 점프는 Y좌표값을 증가 시켰다 감소시키면서 점프 효과를 낼 수 있어요.

[좌표] 알고가기

좌표란? 공간의 한 점의 위치를 숫자로 표현한 것입니다.

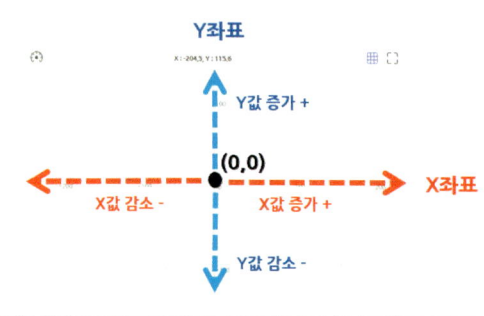

실행화면의 정중앙을 원점 (x:0,y:0)입니다.

X 좌표값 범위: −240~240

Y 좌표값 범위: −135~135

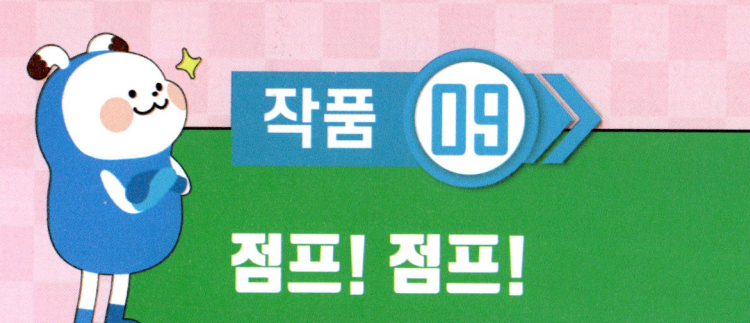

작품 09
점프! 점프!

난이도 ★★☆☆☆   주요기능 ▶ 좌표

학습 목표	좌표를 이해하고 점프 효과를 낼 수 있습니다. 중력을 적용하여 점프 하면서의 속도를 조절하는 작품을 만들어 봅시다. • [좌표]를 이용하여 화면에서 오브젝트의 위치를 이동시킬 수 있습니다.

 **만들 작품 미리보기**   QR 코드 링크 주소 :
https://youtu.be/p4-xk2L2Hus

작품 계획하기

1 [엔트리봇]을 이용하여 키보드 1, 2, 3을 눌렀을 때 다양한 점프 효과를 확인 할 수 있습니다.

2장_쉽게 시작하는 엔트리 게임 **095**

 **작품 만들기**   작품 완성 파일명 : 9_점프_점프_.ent

 함께 만드는 강의QR 코드

링크 주소 : https://youtu.be/XiVEeeOe-x4

오브젝트 추가하기

1 [오브젝트 추가하기] 버튼을 클릭하여 [길거리(1)] 오브젝트를 추가합니다. 기본적으로 있는 엔트리봇 오브젝트를 사용합니다.

변수 추가하기

2 [속성] ➡ [변수] ➡ [변수 추가하기] ➡ [중력] 변수를 추가합니다.

코딩하기

3 [엔트리봇] 오브젝트를 코딩합니다.

[1 키를 눌렀을 때] Y좌표를 바꾸는 방법으로 점프 효과를 만들 수 있습니다.

[2 키를 눌렀을 때] 시간을 설정해서 Y좌표를 바꾸는 방법으로 점프 효과를 만들 수 있습니다.

[3 키를 눌렀을 때] [중력] 변수값을 이용하여 높이를 설정하고 -0.5만큼씩 값을 감소시켜 일정값 만큼 증가했다가 다시 감소시키는 방법으로 점프 효과를 만들 수 있습니다.

[변수] 중력값을 -0.5 만큼 더하기 의 값을 변화 시켜 속도나 중력을 적용 시키는 속도값을 조절할 수 있습니다.

0.5초 기다리기를 이용하여 [중력] 변수값이 변화하는 값을 확인합니다.

실제로 점프를 할 때는 「0.5초 기다리기」블록을 삭제합니다.

전체 코드

작품 완성 파일명 : 9_점프_점프_.ent

게임에서 재미 효과를 주는 방법

 선생님 게임을 재미있고 실감나게 만드는 방법이 있을까요?

상황에 맞는 소리, 움직임 효과를 주면 재미있는 게임을 만들 수 있어요.

소리와 움직임이요?

소리와 움직임이란?

엔트리에는 다양한 소리가 제공되고 있어요. 상황에 맞는 소리를 추가하면 더 흥미롭고 재미있는 게임을 만들 수 있어요.

오브젝트를 선택한 후 모양꾸러미를 눌러 보면 여러 모양의 이미지가 제공됩니다. 모양 바꾸기를 통해 여러가지 재미있는 효과를 줄 수 있습니다.

아하~ 재미있고 몰입되는 효과를 주려면 소리와 다양한 모양을 잘 이용하면 되겠군요.

작품 ⑩ 터지는 효과 모음

난이도 ★★☆☆☆ **주요기능** 소리, 모양

학습 목표
오브젝트를 클릭하면 다양한 코딩으로 터지는 효과가 나는 작품을 만들어 봅니다.
- [모양]을 관찰하여 터지는 효과를 표현할 수 있는 오브젝트를 선택할 수 있습니다.
- 오브젝트별 [소리]를 추가하여 터지는 효과를 극대화 시킵니다.

 **만들 작품 미리보기**　　QR 코드 링크 주소 : https://youtu.be/7ZXzRM28LUM

작품 계획하기

1 풍선은 [시작]- [오브젝트를 클릭했을 때] 블록을 이용하여 풍선이 터지고 다시 웃는 풍선 모양이 됩니다.

2 폭탄은 [흐름]의 조건 블록을 이용하여 [오브젝트를 클릭 했는가]를 반복하여 체크하며 클릭했다면 폭탄이 터집니다.

3 물풍선을 클릭하면 위에서 아래로 이동하며, 아래쪽 벽에 닿으면 터집니다.

4 폭발효과를 클릭하면 단계별로 제공된 모양을 이용하여 폭발효과를 내며 터집니다.

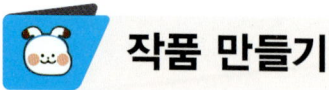 **작품 만들기**　　　작품 완성 파일명 : 10_터지는 효과 모음.ent

| 함께 만드는 강의QR 코드 | 링크 주소 : https://youtu.be/eB1gB41baxk |

 오브젝트 추가하기

1️⃣ [오브젝트 추가하기] 버튼을 클릭하여 [동굴 속], [풍선], [폭탄], [물풍선], [[묶음]폭발효과] 오브젝트를 추가합니다.

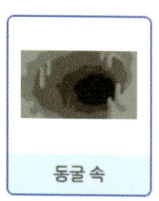    

소리 추가하기

2️⃣ 각각의 오브젝트를 클릭한 후 [소리] 탭을 선택하여 소리를 추가합니다.

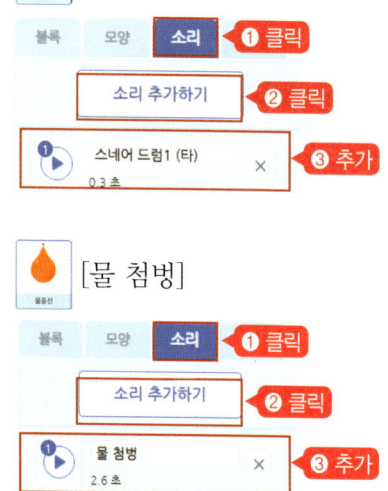

 코딩하기

3 [풍선] 오브젝트를 코딩합니다.

[시작하기 버튼을 클릭했을 때] [풍선_웃는] 모양으로 바꾸기 합니다.

풍선

[오브젝트를 클릭했을 때] [풍선_터짐] 모양으로 바꾸고 [스네어 드럼1(타)] 1초 재생하며 터지는 효과를 냅니다. 1초가 지나면 [풍선_웃는] 모양으로 바꾸기 합니다.

4 [폭탄] 오브젝트를 코딩합니다.

[시작하기 버튼을 클릭했을 때] [폭탄_안터진] 모양으로 바꾸고 게임 설명을 2초 동안 말하기 합니다. 계속 반복하여 [오브젝트를 클릭했는가]를 확인합니다. 클릭했다면 [폭탄_터진] 모양으로 바꾸고 [폭탄 폭발] 소리를 재생하여 터지는 효과를 줍니다. 클릭하지 않았다면 [폭탄_안터진] 모양으로 바꿉니다.

폭탄

5 [물풍선] 오브젝트를 코딩합니다.

[시작하기 버튼을 클릭했을 때] 물풍선의 위치를 정해줍니다.

```
시작하기 버튼을 클릭했을 때
x: -30 y: 90 위치로 이동하기
```

[오브젝트를 클릭했을 때] [아래쪽 벽에 닿을 때]까지 반복하여 아래로 이동합니다. [아래쪽 벽에 닿았다]면 [물풍선_터진] 모양으로 바꾸고, [물 첨벙] 소리를 내며 폭발하는 효과를 냅니다. 물풍선을 시작할 때와 같은 위치로 이동시키고 [물풍선_안터진] 모양으로 바꿉니다.

```
오브젝트를 클릭했을 때
아래쪽 벽 ▼ 에 닿았는가? 이 될 때까지 ▼ 반복하기
  y 좌표를 -10 만큼 바꾸기
  만일 아래쪽 벽 ▼ 에 닿았는가? (이)라면
    물풍선_터진 ▼ 모양으로 바꾸기
    0.5 초 기다리기
    소리 물 첨벙 ▼ 1 초 재생하기
x: -30 y: 90 위치로 이동하기
물풍선_안터진 ▼ 모양으로 바꾸기
```

6 [[묶음]폭발 효과] 오브젝트를 코딩합니다.

[오브젝트를 클릭했을 때] [폭발 효과] 오브젝트에서 폭발 효과를 내기 위해 제공된 모양을 확인합니다. 4번 반복하여 폭발 효과 모양으로 바꾸고 크기를 30만큼 키운 후 [작은 폭발음3] 소리를 재생하며 터지는 효과를 냅니다.

```
오브젝트를 클릭했을 때
4 번 반복하기
  다음 ▼ 모양으로 바꾸기
  크기를 30 만큼 바꾸기
  소리 작은 폭발음3 ▼ 0.2 초 재생하고 기다리기
```

전체 코드

작품 완성 파일명 : 10_터지는 효과 모음.ent

게임에서 오브젝트를 여러개 만드는 방법

선생님, 게임에 필요한 장애물을 여러 개 만들고 싶어요. 오브젝트를 많이 추가하기 너무 힘들어요.

장애물처럼 반복적으로 나오는 오브젝트는 여러 개 등록하는 것보다 복제나 도장찍기를 이용하면 된단다.
복제는 자신과 동일한 오브젝트를 만들어서 복제본의 색을 변경할 수도 있고, 삭제 시킬 수 있다.
반면 도장찍기는 비슷해 보이지만 화면에 일시적으로 도장을 찍는 것이고 개별로 지울 수 없고 한 번에 모든 도장을 지워야 하는 차이점이 있단다.

[복제] 알고가기

복제본은 말 그대로 '오브젝트'를 똑같이 복사한 오브젝트입니다. 똑같은 오브젝트가 많이 필요할 때, 화면에 계속 반복해서 나올 때 코드로 오브젝트를 복제해서 추가해 줄 수 있습니다.

예) 발사되는 총알 / 계속 나타나는 좀비

[도장찍기] 알고가기

도장찍기는 오브젝트의 모양 그대로 도장을 찍듯이 복사할 수 있습니다.

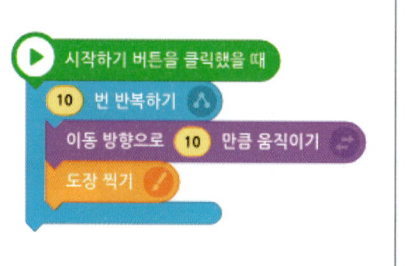

작품 11
번개를 피해라

| 난이도 | ★★☆☆☆ | 주요기능 | 복제, 도장찍기 |

학습 목표
하늘에서 떨어지는 번개를 피하는 게임을 [복제], [도장찍기] 기능을 이용해 만들어 봅시다.
- [복제] 기능으로 하늘에서 떨어지는 번개를 만들 수 있습니다.
- [도장찍기] 기능으로 번개를 맞은 엔트리봇의 위치를 표시해 줄 수 있습니다.

 **만들 작품 미리보기**  링크 주소 :
https://youtu.be/kLX4KId3rGM

🐰 작품 계획하기

1️⃣ [번개]은 복제 기능으로 하늘에서 떨어지도록 합니다.

2️⃣ [엔트리봇]은 좌우로 이동하며 번개을 피하며, 번개에 맞은 경우 모양을 바꿔 도장을 찍어줍니다.

3️⃣ [생명] 변수값을 3으로 초기화 하고, 번개를 맞을 때마다 1씩 감소시킵니다. 0이 되면 게임이 종료됩니다.

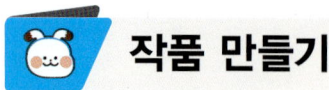 **작품 만들기**　　　작품 완성 파일명 : 11_번개를 피해라.ent

| 함께 만드는 강의QR 코드 | 링크 주소 :
https://youtu.be/N64XhZjRGBA |

오브젝트 추가하기

1️⃣ [오브젝트 추가하기] 버튼을 클릭하여 [들판(1)], [번개(1)], [전기 충격 엔트리봇] 오브젝트를 추가합니다.

오브젝트 수정하기

2️⃣ [전기 충격 엔트리봇] 모양 탭에서 [모양 추가하기]에서 [(1)엔트리봇_걷기]를 추가하고, 기본 모양을 [(1)엔트리봇_걷기2] 로 선택합니다.

변수 추가하기

3 [속성] ➡ [변수] ➡ [변수 추가하기] ➡ [생명] 변수를 추가합니다.

인공지능 기능 추가하기

4 블록의 탭에서 [인공지능 블록 불러오기]를 클릭하여 [읽어주기]를 불러옵니다.

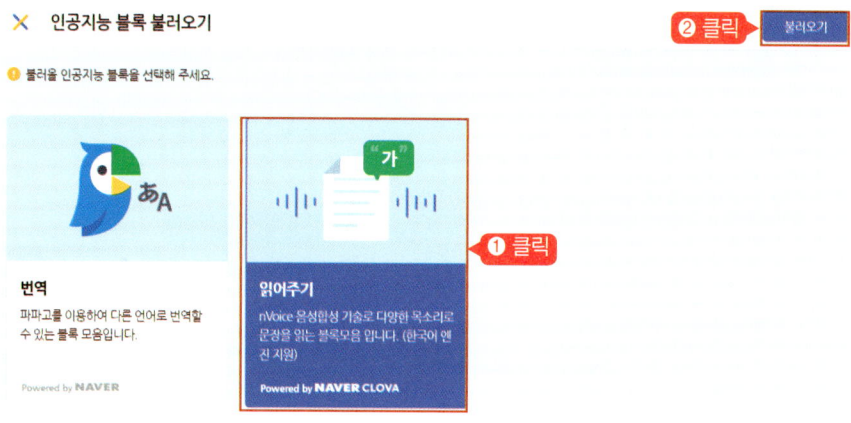

 코딩하기

5 [번개(1)] 오브젝트를 코딩합니다.

[시작하기 버튼을 클릭했을 때] 모양을 숨기고 무작위 간격으로 자신을 복제합니다.

[복제본이 처음 생성되었을 때] 화면 상단의 무작위 X좌표 위치로 이동시키고, Y값을 감소시키면서 떨어지도록 만듭니다.
아래쪽 벽에 닿으면 복제본을 삭제합니다.

6 [전기충격엔트리봇] 오브젝트를 코딩합니다.

[시작하기 버튼을 클릭했을 때] 읽어주기 기능의 목소리 음높이를 설정하고, 생명 변수를 3으로 초기화 합니다.
[왼쪽 화살표가 눌린 경우] 왼쪽으로 이동, [오른쪽 화살표가 눌린 경우] 오른쪽으로 이동시킵니다.
번개에 닿은 경우 생명을 감소시키고, 모양을 변경하고 도장을 찍어 줍니다. 읽어주기로 소리 효과를 낸 후에 모양을 [(1)엔트리봇_걷기2] 로 변경해줍니다.
생명 변수값을 체크하여 3번의 기회를 모두 잃은 경우 게임을 종료시킵니다.

 전체 코드

작품 완성 파일명 : 11_번개를 피해라.ent

번개(1)

복제본이 처음 생성되었을때
- 모양 보이기
- x: -230 부터 230 사이의 무작위 수 y: 130 위치로 이동하기
- 아래쪽 벽 에 닿았는가? 이 될 때까지 반복하기
  - y 좌표를 -5 만큼 바꾸기
- 이 복제본 삭제하기

시작하기 버튼을 클릭했을 때
- 모양 숨기기
- 계속 반복하기
  - 자신 의 복제본 만들기
  - 0.5 부터 1 사이의 무작위 수 초 기다리기

전기 충격 엔트…

시작하기 버튼을 클릭했을 때
- 장난스러운 목소리를 보통 속도 보통 음높이로 설정하기
- 생명 를 3 (으)로 정하기
- 계속 반복하기
  - 만일 왼쪽 화살표 키가 눌러져 있는가? (이)라면
    - x 좌표를 -5 만큼 바꾸기
  - 만일 오른쪽 화살표 키가 눌러져 있는가? (이)라면
    - x 좌표를 5 만큼 바꾸기
  - 만일 번개(1) 에 닿았는가? (이)라면
    - 생명 에 -1 만큼 더하기
    - 전기충격 엔트리봇_1 모양으로 바꾸기
    - 도장 찍기
    - 아야 읽어주고 기다리기
    - (1)엔트리봇_걷기2 모양으로 바꾸기
  - 만일 생명 값 = 0 (이)라면
    - 많이 아프다! 게임끝 읽어주기
    - 모든 코드 멈추기

게임에서 등수 저장하기 랭킹 표시하는 방법

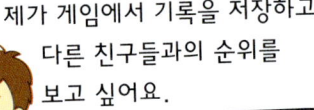

선생님, 제가 게임에서 기록을 저장하고 다른 친구들과의 순위를 보고 싶어요.

변수와 리스트를 이용하면 값을 저장할 수 있어요. 랭킹 정보를 유지하고 싶은 경우엔 공유리스트를 사용하면 됩니다.

공유 리스트란 ?

공유 리스트란?

1. 공유 리스트
공유 리스트는 보통 랭킹에 쓰이는 등 저장 기능에 많이 쓰입니다. 공유 리스트는 정지하기를 눌러야 저장이 되며, 초기화가 되지 않습니다. 단, 동시에 접속하면 간혹 저장이 안 됩니다.

2. 실시간 리스트
실시간 리스트는 주로 실시간 게임이나 실시간 채팅 등에 많이 쓰입니다. 정지하기 없이도 저장이 되지만, 자주 초기화 된다는게 단점입니다.

아하~ 일반 리스트를 사용하면 정보가 다 지워지겠네요. 공유 리스트를 사용해서 랭킹 정보을 유지해 볼게요.

작품 12 - 골을 피해라

난이도 ★★★★☆ **주요기능** 읽어주기, 리스트

학습 목표
마우스 이동으로 골대의 이동을 제어합니다. 움직이는 공이 골대에 들어가지 않도록 마우스를 움직이는 게임을 만들어 봅시다. 게임을 진행한 시간 정보를 저장해서 랭킹 정보를 표시해 줍니다.
• [리스트] 속성을 공유리스트 사용을 체크하여 게임이 재시작되어도 순위 정보를 확인할 수 있습니다.

만들 작품 미리보기

QR 코드 　링크 주소 :
https://youtu.be/OvYDt4CH7B8

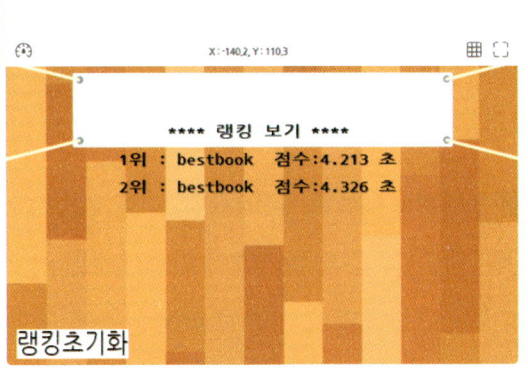

작품 계획하기

 [골대]는 마우스 이동으로 제어합니다.

 [축구공]은 화면을 이동하며 골대에 닿으면 게임이 종료됩니다.

③ 게임이 종료되면 [게임종료] 신호를 보내고 시간 기록을 표시해 주는 장면을 시작해 줍니다.

④ 게임결과에서 순위를 확인합니다.

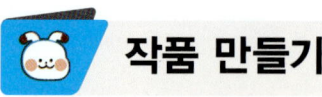 **작품 만들기**   작품 완성 파일명 : 12_골을피해라.ent

| 함께 만드는 강의QR 코드 | 링크 주소 : https://youtu.be/6ISkD9o2d18 |

 [장면] 추가하기

1️⃣ [장면1] 옆의 [+]를 눌러 [장면2]를 추가하고 장면의 이름을 [게임], [게임종료]으로 수정합니다.

[게임] 장면 오브젝트 추가하기

1️⃣ [오브젝트 추가하기] 버튼을 클릭하여 [풀], [축구공], [골대(3)] 오브젝트를 추가합니다.

2️⃣ 오브젝트 리스트에서 [골대(3)]을 선택하고 오른쪽 버튼을 클릭합니다.

[복제하기] 버튼을 클릭하여 골대 3개를 복제합니다. 총 4개의 골대를 만들어 다음과 같이 이름을 변경하고, 크기를 화면에 맞추어 조절합니다.

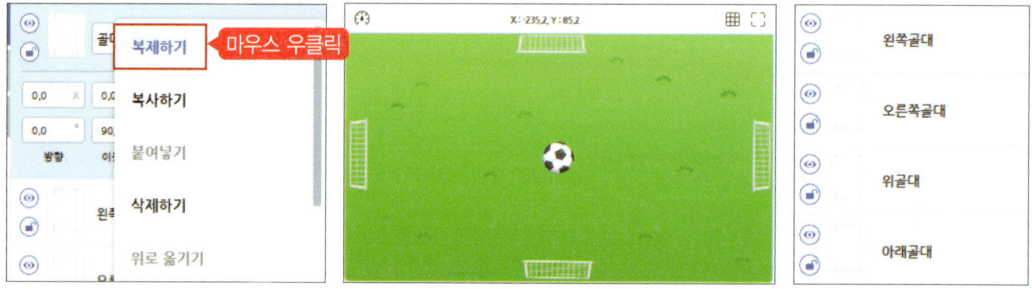

🐼 [게임 종료] 장면 오브젝트 추가하기

3 [게임종료] 장면에서 [오브젝트 추가하기] 버튼을 클릭하여 [학교강당], [글상자] 오브젝트를 추가합니다.

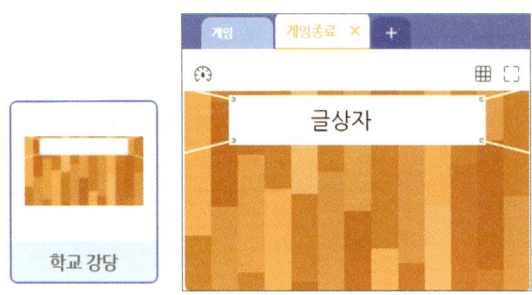

4 [글상자] 오브젝트의 이름을 [결과]로 변경합니다. 오른쪽 마우스를 클릭하여 글상자 2개를 복제합니다.

🐼 변수 추가하기

5 [속성] ➡ [변수] ➡ [변수 추가하기] ➡ [번호], [점수], [이름], [순위] 변수를 추가합니다.

신호 추가하기

6 [속성] ➡ [신호] ➡ [신호 추가하기] ➡ [랭킹표시], [랭킹초기화] 신호를 추가합니다.

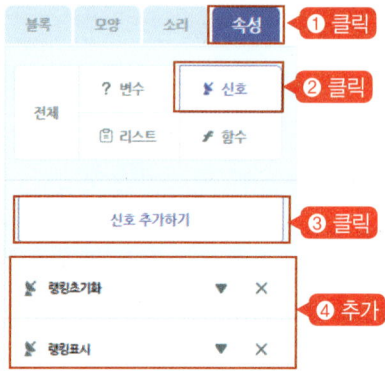

리스트 추가하기

7 [속성] ➡ [리스트] ➡ [리스트 추가하기] ➡ [랭킹이름], [랭킹시간] 리스트를 추가합니다. 공유 리스트로 사용을 체크합니다.

함수 추가하기

8 [속성] ➡ [함수] ➡ [함수 추가하기] ➡ [등수 가져오기] 함수를 추가합니다.

공유 리스트에서 입력된 점수를 기준으로 순위 정보를 가져오는 함수를 만듭니다.
공유 리스트 [랭킹 시간]에 시간 정보가 소숫점 3자리로 입력되어 있어 값을 비교할 때는 정수값으로 바꾸기 위해×10000을 해줍니다.

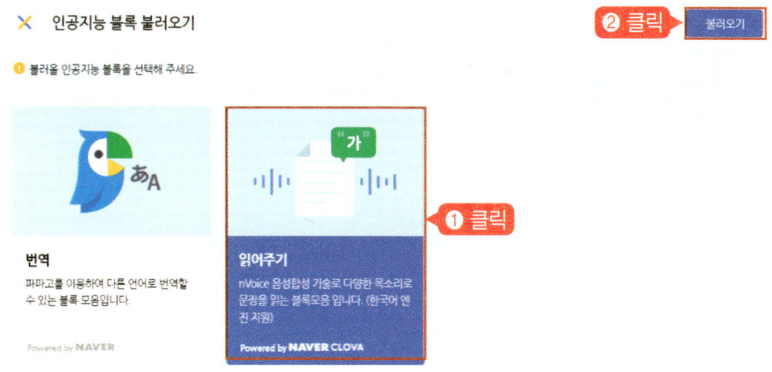

인공지능 기능 추가하기

9 블록의 [인공지능] 탭에서 [인공지능 블록 불러오기]를 클릭하여 [읽어주기]를 불러옵니다.

코딩하기

10 [위골대] 오브젝트를 코딩합니다.

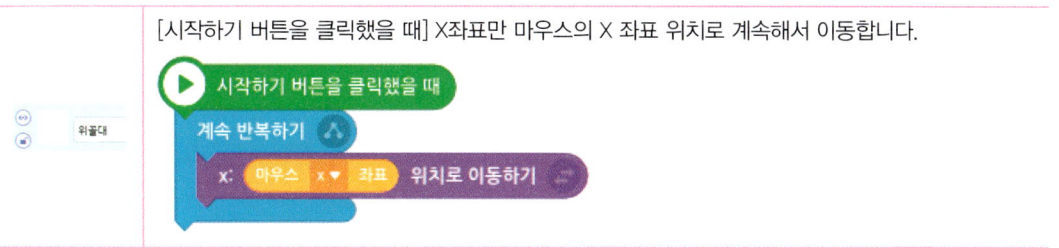

11 [아래골대] 오브젝트를 코딩합니다.

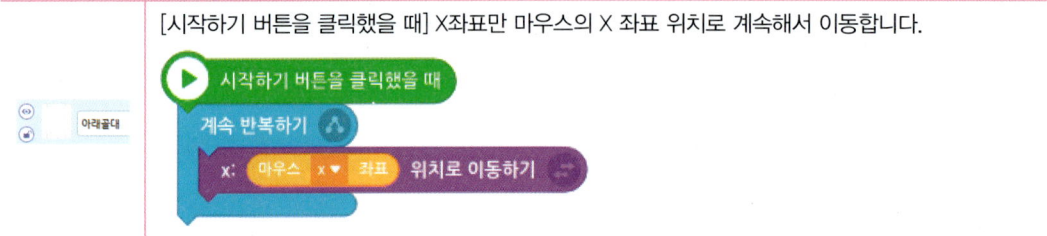

[시작하기 버튼을 클릭했을 때] X좌표만 마우스의 X 좌표 위치로 계속해서 이동합니다.

12 [왼쪽골대] 오브젝트를 코딩합니다.

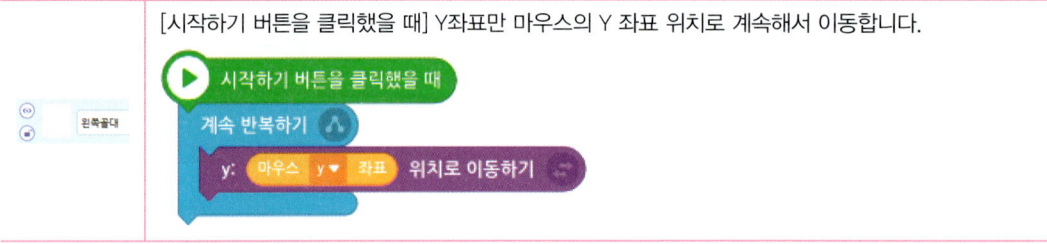

[시작하기 버튼을 클릭했을 때] Y좌표만 마우스의 Y 좌표 위치로 계속해서 이동합니다.

13 [오른쪽 골대] 오브젝트를 코딩합니다.

[시작하기 버튼을 클릭했을 때] Y표만 마우스의 Y좌표 위치로 계속해서 이동합니다.

14 [축구공] 오브젝트를 코딩합니다.

[시작하기 버튼을 클릭했을 때] 게임 방법을 읽어줍니다. 초시계를 시작해서 기록경기를 시작합니다. 화면을 자유롭게 이동하기 위하여 이동방향으로 이동합니다. 4개의 골대에 닿는 경우 초시계를 중지하고 다음 장면으로 이동합니다.

15 [게임종료] 장면의 [결과] 글상자 코딩합니다.

[장면이 시작되었을 때] 점수 변수에 초시계값을 저장합니다. 이름 변수에 닉네임값을 저장합니다. 게임의 결과를 글상자에 표시해 줍니다.

[랭킹표시 신호를 받았을 때] 랭킹 조회에 사용할 번호 변수를 1로 초기화 합니다. 랭킹이름 리스트의 항목수 만큼 반복하며 리스트의 값을 글상자에 표시해 줍니다. Y좌표를 −25만큼 이동시켜 아랫줄에 글상자 복제본을 만들어 랭킹 정보를 표시해 줍니다.

[랭킹초기화 신호를 받았을 때] 글상자에 '초기화 되었습니다.' 라고 표시해 줍니다.

16 [게임종료] 장면의 [랭킹등록] 글상자 코딩합니다.

[장면이 시작되었을 때] 클릭을 유도 할 수 있도록 크기를 주기적으로 변경해 주는 코드를 입력합니다.

[오브젝트를 클릭했을 때] 게임 기록을 저장한 [점수] 변수를 이용하여 순위를 가져옵니다. 등수를 가져와서 [순위] 변수에 저장하기 위해 값을 초기화 해줍니다.

등수 가져오기 함수를 이용하여 기존 리스트에 어디에 정보를 추가할지 순위 변수를 가져옵니다. 조회된 순위로 리스트에 새로운 점수, 이름값을 저장합니다. [랭킹표시]신호를 보내고, 자신의 모양을 숨깁니다.

17 [게임종료] 장면의 [랭킹초기화] 글상자 코딩합니다.

[오브젝트를 클릭했을 때] 랭킹이름/랭킹시간 리스트의 모든 정보를 삭제합니다. 초기화된 결과를 결과 항목에 표시해 주기 위해 [랭킹초기화]신호를 보냅니다.

전체 코드

[게임] 장면

작품 완성 파일명 : 12_골을피해라.ent

[게임 종료] 장면

A 결과

```
장면이 시작되었을 때
점수▼ 를 초시계 값 (으)로 정하기
이름▼ 를 닉네임 (으)로 정하기
이름▼ 값 과(와) 님의 기록은 을 합치기 과(와) 점수▼ 값 과(와) 초 입니다. 를 합치기 를 합치기 라고 글쓰기
```

```
랭킹표시▼ 신호를 받았을 때
번호▼ 를 1 (으)로 정하기
글씨색을 □ 로 변경
텍스트에 볼드▼ 효과 주기▼
•••• 랭킹 보기 •••• 라고 글쓰기
랭킹이름▼ 항목 수 번 반복하기
자신▼ 의 복제본 만들기
y 좌표를 -25 만큼 바꾸기
번호▼ 값 과(와) 위: 를 합치기 과(와) 랭킹이름▼ 의 번호▼ 값 번째 항목 과(와) 점수 를 합치기 과(와) 랭킹시간▼ 의 번호▼ 값 번째 항목 과(와) 초 을 합치기 를 합치기 라고 글쓰기
번호▼ 에 1 만큼 더하기
```

```
랭킹초기화▼ 신호를 받았을 때
텍스트 모두 지우기
초기화 되었습니다. 라고 글쓰기
```

A 랭킹등록

```
장면이 시작되었을 때
계속 반복하기
  크기를 10 만큼 바꾸기
  0.5 초 기다리기
  크기를 -10 만큼 바꾸기
  0.5 초 기다리기
```

```
오브젝트를 클릭했을 때
순위▼ 를 1 (으)로 정하기
점수 등록중.... 라고 글쓰기
등수 가져오기 점수▼ 값
점수▼ 값 을(를) 랭킹시간▼ 의 순위▼ 값 번째에 넣기
이름▼ 값 을(를) 랭킹이름▼ 의 순위▼ 값 번째에 넣기
랭킹표시▼ 신호 보내기
모양 숨기기
```

A 랭킹초기화

```
오브젝트를 클릭했을 때
랭킹이름▼ 항목 수 = 0 이 될 때까지▼ 반복하기
  1 번째 항목을 랭킹이름▼ 에서 삭제하기
  1 번째 항목을 랭킹시간▼ 에서 삭제하기
랭킹초기화▼ 신호 보내기
```

함수

```
함수 정의하기 등수 가져오기 문자/숫자값 1
만일 랭킹시간▼ 항목 수 > 0 (이)라면
  순위▼ 를 1 (으)로 정하기
  순위▼ 값 = 랭킹시간▼ 항목 수 이 될 때까지▼ 반복하기
    만일 문자/숫자값 1 x 10000 > 랭킹시간▼ 의 순위▼ 값 번째 항목 x 10000 (이)라면
      반복 중단하기
    순위▼ 에 1 만큼 더하기
아니면
  순위▼ 를 1 (으)로 정하기
```

3장

만들면서 배우는 엔트리 게임

작품	제목
13	미션! 물 폭탄을 터트려라!
14	팅겨팅겨! 볼게임
15	거미를 피해라
16-1	돈벌기 게임 LEVEL 1
16-2	돈벌기 게임 LEVEL 2
17	좀비를 물리쳐라

작품 13

미션! 물 폭탄을 터트려라!

난이도 ★★★☆☆　**주요기능** 복제

학습 목표
랜덤하게 움직이는 물폭탄을 별 미사일로 맞춰 터트리는 작품을 만들어 봅니다.
- [변수]를 이용하여 점수를 저장할 수 있습니다.
- [복제]를 이용하여 미사일을 발사시킬 수 있습니다.

 **만들 작품 미리보기**　　 QR 코드　링크 주소 :
https://youtu.be/EnWZhvr-Js0

작품 계획하기

1. 전투기는 [마우스포인터] 위치로 이동하며 [마우스포인터]를 따라 움직입니다.
2. 마우스를 클릭하면 별 미사일이 발사됩니다.
3. 별 미사일이 물풍선에 닿으면 점수를 1점 증가시키고, 20점이 되면 물풍선이 터지며 게임이 종료됩니다.

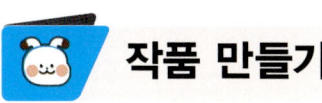 **작품 만들기**   작품 완성 파일명 : 13_미션_ 물 폭탄을 터트려라_.ent

| 함께 만드는 강의QR 코드 | 링크 주소 : https://youtu.be/EiNgSIUAM38 |

오브젝트 추가하기

1 [오브젝트 추가하기] 버튼을 클릭하여 [우주(4)], [물풍선], [회전하는 별], [전투기(6)] 오브젝트를 추가합니다.

변수 추가하기

2 [속성] ➡ [변수] ➡ [변수 추가하기] ➡ [점수] 변수를 추가합니다.

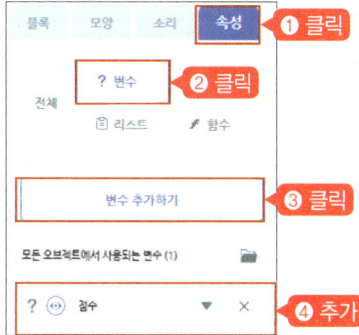

소리 추가하기

3 각각의 오브젝트를 클릭한 후 [소리] 탭을 선택하여 소리를 추가합니다.

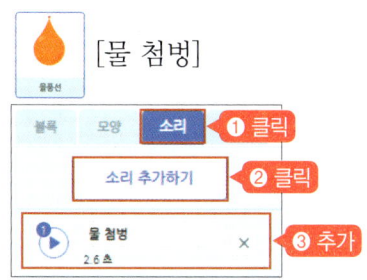 

 **코딩하기**

4 [전투기(6)] 오브젝트를 코딩합니다.

[시작하기 버튼을 클릭했을 때] 게임 설명을 2초 동안 말하기 합니다. 계속 반복하여 [마우스포인터] 위치로 이동합니다.

5 [물풍선] 오브젝트를 코딩합니다.

[시작하기 버튼을 클릭했을 때] 계속 반복하여 물풍선의 x좌표의 위치를 −240~240 사이의 무작위 값의 위치로 이동하고 [점수]값을 체크합니다. [점수]가 20점이 되었을 때 [물풍선_터진] 모양으로 바꾸고, [물 첨벙] 소리를 내며 게임이 종료됩니다.

6 [회전하는 별] 오브젝트를 코딩합니다.

[시작하기 버튼을 클릭했을 때] 계속 반복하여 [전투기(6)] 위치로 이동합니다.

[마우스를 클릭했을 때] [점수] 값이 20보다 작다면 [이동 방향]을 0으로 정해 위로 발사합니다. 발사 시 [레이저 발사1] 소리를 내고 [자신의 복제본 만들기]를 합니다.

[복제본이 처음 생성되었을 때] 계속 반복하며 [y좌표를 10만큼 바꾸기]해 위로 움직입니다. [물풍선]에 닿았다면 [점수]를 1점 증가시키고 [복제본 삭제하기]를 합니다. [벽]에 닿으면 [복제본 삭제하기]를 합니다.

전체 코드

작품 완성 파일명 : 13_미션_ 물 폭탄을 터트려라_.ent

작품 14 · 팅겨팅겨! 볼게임

난이도 ★★★☆☆   주요기능 ▶ 좌표

학습 목표
바운스볼게임을 만들어 봅시다.
- [좌표]를 이해하고 볼을 팅기며 이동 할 수 있습니다.

 만들 작품 미리보기

 QR 코드   링크 주소 :
https://youtu.be/ibMjhugY36E

작품 계획하기

1️⃣ 오브젝트 그리기를 이용하여 공이 팅길 디딤돌을 만들어줍니다.

2️⃣ [동그란 버튼]은 기본적으로 팅기도록 Y좌표값을 제어합니다. 키보드를 눌렀을 때 좌우로 이동할 수 있습니다.

3️⃣ [백발천사]는 장애물로 [동그란 버튼]의 이동을 방해합니다.

4️⃣ [회전하는 하트]는 움직임 효과를 주고, [동그란 버튼]에 닿으면 게임이 종료됩니다.

 **작품 만들기**　　　작품 완성 파일명 : 14_팅겨팅겨볼게임.ent

| 함께 만드는 강의QR 코드 | 링크 주소 :
https://youtu.be/Zg8QcAcPZY8 |

 오브젝트 추가하기

❶ [오브젝트 추가하기] 버튼을 클릭하여 [아름다운 세상_1], [동그란 버튼], [백발천사], [회전하는 하트] 오브젝트를 추가합니다.

❷ [오브젝트 추가하기] 버튼을 클릭하여 [새로 그리기] ➡ [이동하기] 선택합니다.

[모양추가하기] 버튼을 클릭하여 [상자_숲]을 추가합니다.

[상자_숲]을 복사(Ctrl + C)합니다. [새그림]으로 이동합니다. 복사한 [상자_숲]을 붙여넣기(Ctrl + V) 한 후에 사이즈를 조절하여 디딤돌을 자유롭게 만듭니다.

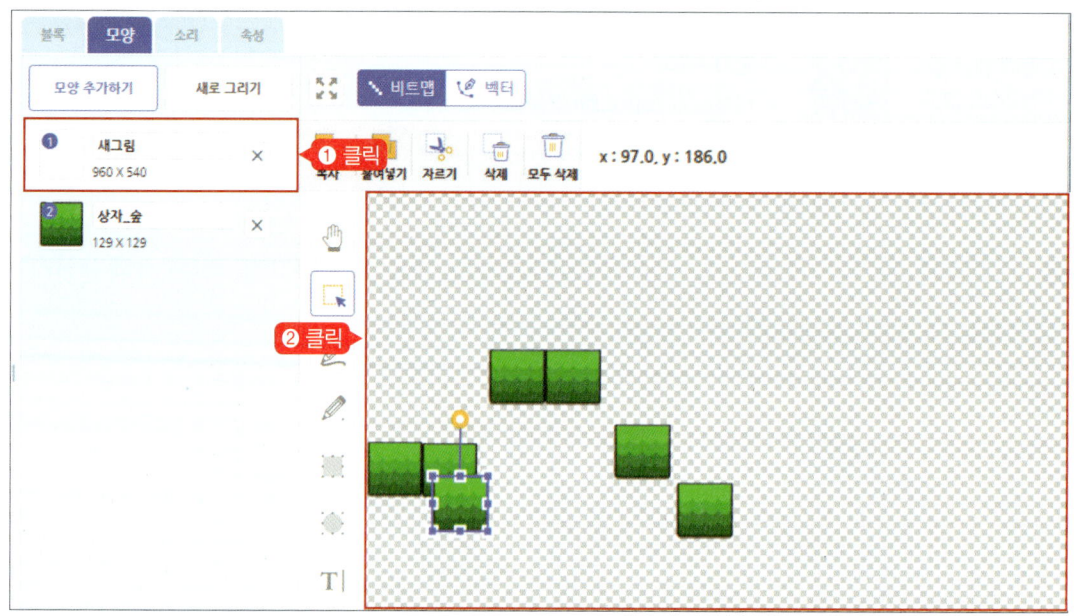

변경 내용을 저장하고, 오브젝트의 이름을 [디딤돌]로 변경합니다.

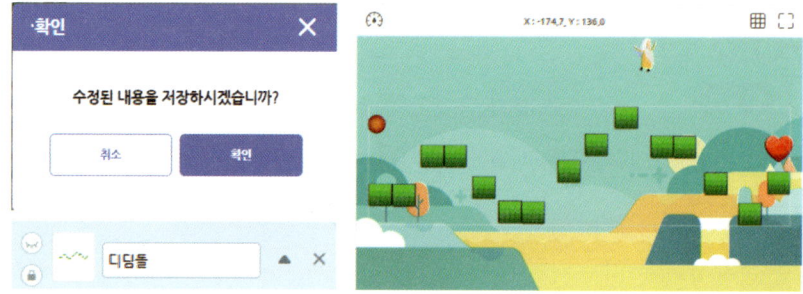

변수 추가하기

3 [속성] ➡ [변수] ➡ [변수 추가하기] ➡ [X], [Y] 변수를 추가합니다.

클릭하여 화면에서 보이지 않는 상태로 만듭니다.

코딩하기

4 [동그란 버튼] 오브젝트를 코딩합니다.

[시작하기 버튼을 클릭했을 때] 디딤돌에 닿은 경우 튕길 수 있도록 [Y]변수값을 5로 변경합니다. Y좌표값은 위에서 아래로 이동하기 위해 −0.2 만큼 변경해주고, X좌표는 가속을 위해 0.9를 곱해줍니다.
조건에 맞게 값이 조절된 X,Y값을 적용해서 실제로 이동 시킵니다.
오른쪽 화살표키가 눌러진 경우 X좌표값을 0.3만큼 증가시킵니다
왼쪽 화살표키가 눌러진 경우 X좌표값을 0.3만큼 감소시킵니다.
자신의 복제본을 만들어서 그림자 효과를 만들어 줍니다.

[복제본이 처음 생성되었을 때] 그림자 효과로 만든 자신의 복제본의 투명도를 50만큼 주고 0.1초 후에 복제본을 삭제합니다.

[시작하기 버튼을 클릭했을 때] 아래쪽 벽에 닿은 경우나 장애물인 [백발천사]에 닿은 경우 시작 위치로 이동합니다.

5 [백발천사] 오브젝트를 코딩합니다.

[시작하기 버튼을 클릭했을 때] 좌우로 이동하며 진로를 방해하는 장애물 역할을 합니다.

```
시작하기 버튼을 클릭했을 때
계속 반복하기
    3 초 동안 x: -100 y: 100 위치로 이동하기
    2 초 기다리기
    3 초 동안 x: 100 y: 100 위치로 이동하기
    2 초 기다리기
```

6 [회전하는 하트] 오브젝트를 코딩합니다.

[시작하기 버튼을 클릭했을 때] [동그란 버튼]에 닿은 경우 게임이 성공한 것으로 화면 중앙으로 이동하여 게임 종료를 말해줍니다.
모든 코드를 중지시킵니다.

```
시작하기 버튼을 클릭했을 때
계속 반복하기
    만일 동그란버튼 에 닿았는가? (이)라면
        x: 0 y: 0 위치로 이동하기
        10 번 반복하기
            크기를 10 만큼 바꾸기
            0.1 초 기다리기
            크기를 -10 만큼 바꾸기
            0.1 초 기다리기
        성공 을(를) 말하기
        모든 코드 멈추기
```

[시작하기 버튼을 클릭했을 때]회전하는 기능을 만들기 위해 반복해서 다음 모양으로 바꾸어 줍니다.

```
시작하기 버튼을 클릭했을 때
계속 반복하기
    다음 모양으로 바꾸기
    0.1 초 기다리기
```

전체 코드

작품 완성 파일명 : 14_튕겨튕겨볼게임.ent

작품 15

거미를 피해라

난이도 ★★★☆☆ **주요기능** 좌표, 복제

학습 목표	키보드의 화살표 키로 무당벌레를 이동 시킵니다. 거미를 피해 나뭇잎을 모두 먹어야 수풀에 숨을 수 있습니다. • [좌표]룰 이해하고, 무당벌레를 키보드의 화살표로 이동시킵니다. • [복제]를 이용하여 거미를 만들어 게임의 난이도를 조절합니다.

 **만들 작품 미리보기**   QR 코드   링크 주소 : https://youtu.be/wUzWzyf2M88

🐾 작품 계획하기

1 [무당벌레]를 키보드의 화살표로 이동시킵니다. [거미]에 닿으면 무작위 위치로 이동하고, [들꽃]을 모두 먹은 후에 수풀로 숨어야 게임이 종료됩니다.

2 [거미]는 복제 기능을 이용하여 무작위 위치에서 만들어져서 [무당벌레]쪽을 바라보며 이동합니다.

3 [들꽃(노랑)]은 복제 기능을 이용하여 무작위 위치에서 만들어져서 [무당벌레]와 닿으면 삭제됩니다.

 **작품 만들기**   작품 완성 파일명 : 15_거미를피해라.ent

| 함께 만드는 강의QR 코드 | 링크 주소 :
https://youtu.be/RluS_lSgbDk |

오브젝트 추가하기

1 [오브젝트 추가하기] 버튼을 클릭하여 [풀], [무당벌레(2)], [거미], [들꽃(노랑)], [[묶음] 사라지는수풀] 오브젝트를 추가합니다.

오브젝트 수정하기

2 오브젝트의 크기를 화면에 맞춰 작게 변경합니다.

변수 추가하기

3 [속성] ➡ [변수] ➡ [변수 추가하기] ➡ [들꽃개수] 변수를 추가합니다.

신호 추가하기

4 [속성] ➡ [신호] ➡ [신호 추가하기] ➡ [게임종료] 신호를 추가합니다.

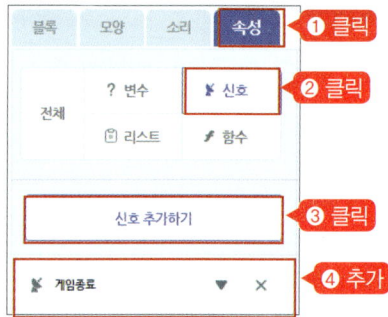

소리 추가하기

5 [무당벌레(2)] 오브젝트를 클릭 한 후 [소리] 탭을 선택하여 [반짝빤짝 빛나는3], [잘잘잘], [만화 같은 충돌1] 소리를 추가합니다.

 코딩하기

6 [무당벌레(2)] 오브젝트를 코딩합니다.

[시작하기 버튼을 클릭했을 때] 화살표를 누른 경우 상하좌우 움직이도록 조건문을 추가합니다.

[시작하기 버튼을 클릭했을 때] 배경음악이 되는 소리를 재생합니다.

[시작하기 버튼을 클릭했을 때] 거미에 닿은 경우와 게임을 종료시키기 위한 조건을 추가합니다.

7 [거미] 오브젝트를 코딩합니다.

[시작하기 버튼을 클릭했을 때] 거미의 원본은 모양 숨기고, 복제본을 3개 만듭니다.
(게임의 난이도에 따라 장애물인 거미 복제본을 더 많이 만들어도 됩니다.)

[복제본이 처음 생성되었을 때] 거미는 무작위 위치에서 모양을 보이도록하고, 무당벌레쪽으로 이동시킵니다.

8 [들꽃(노랑)] 오브젝트를 코딩합니다.

[시작하기 버튼을 클릭했을 때] 들꽃개수를 5로 초기화 하고, 복제본을 만듭니다.

[복제본이 처음 생성되었을 때] 들꽃의 위치를 무작위로 이동시킨 후 모양을 보이도록 합니다. 무당벌레와 닿은 경우 [들꽃개수]를 감소시키고 복제본을 삭제합니다.

전체 코드

작품 완성 파일명 : 15_거미를피해라.ent

작품 16-1

돈벌기 게임 LEVEL 1

난이도 ★★★☆☆ **주요기능** 복제, 장면

학습 목표
마우스를 클릭하면 복제 기능을 활용하여 화살을 만들고 화살로 동전을 맞춰 돈을 버는 게임을 만들 수 있습니다.
- [초시계]를 이용하여 시간을 제어할 수 있습니다.
- [복제]를 이용하여 화살을 발사 할 수 있습니다.
- [변수]를 이용하여 모은 돈을 저장할 수 있습니다.

 **만들 작품 미리보기**   QR 코드 링크 주소 : https://youtu.be/nf0oolDGTuw

작품 계획하기

1. 6초 동안 사용설명을 말하고, 게임 시작 카운트다운을 말합니다.
2. 마우스의 위치로 화살이 발사될 방향을 정하고 클릭하면 화살이 발사됩니다.
3. 화살이 100원 동전을 맞추면 100원, 500원 동전을 맞추면 500원 돈을 법니다.
4. 제한시간 10초 동안 게임을 진행합니다.

 **작품 만들기**   작품 완성 파일명 : 16_1_돈 벌기 게임 LEVEL 1.ent

함께 만드는 강의QR 코드   링크 주소 : https://youtu.be/d4_vi98iDM8

오브젝트 추가하기

1 [오브젝트 추가하기] 버튼을 클릭하여 [구름 세상], [와이파이], [백원동전], [오백원동전], [룰렛 화살표] 오브젝트를 추가합니다.

변수 추가하기

2 [속성] → [변수] → [변수 추가하기] → [모은 돈] 변수를 추가합니다.

소리 추가하기

3 [📶 와이파이] 오브젝트를 클릭한 후 [소리] 탭을 선택하여 [별빛이 보글보글] 소리를 추가합니다.

4 [🕯️ 롤렛 화살표] 오브젝트를 클릭한 후 [소리] 탭을 선택하여 [코인 추가] 소리를 추가합니다.

TIP 오브젝트 이동방향에 대해 알아봐요

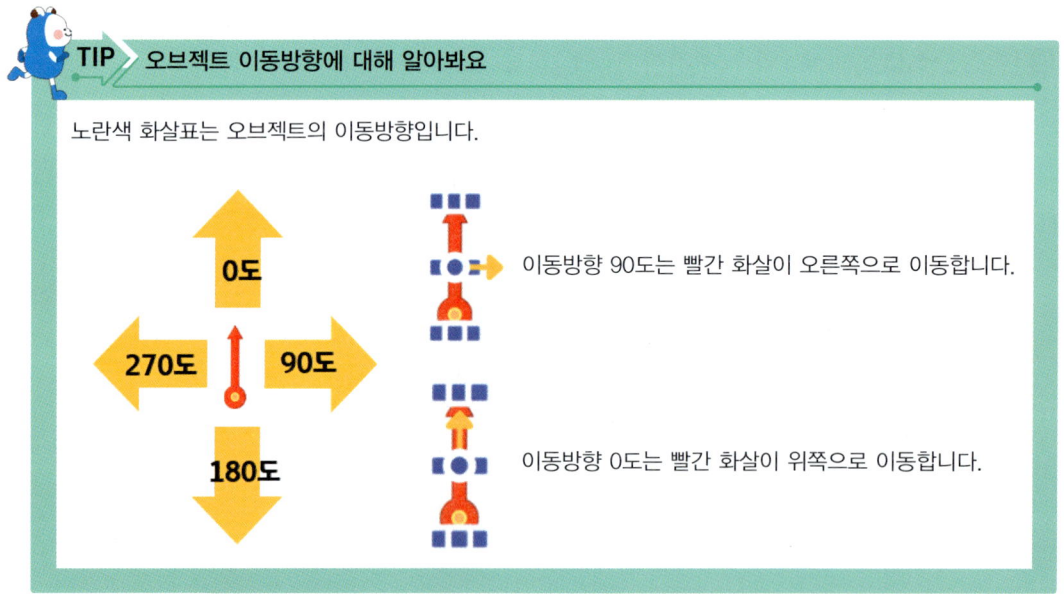

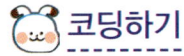 **코딩하기**

5 [와이파이] 오브젝트를 코딩합니다.

[시작하기 버튼을 클릭했을 때] 배경음악으로 [별빛이 보글보글] 소리를 재생합니다.
게임 설명을 2초 동안 말하고, 게임 시작 카운트다운을 4초 동안 말합니다.

초시계를 시작합니다.
[초시계 값]이 제한시간 10초 보다 크거나 같을 때, 초시계를 정지합니다. 지금까지 [모은 돈]을 말해 주고, [모든 코드 멈추기]를 합니다.

6 [룰렛 화살표] 오브젝트를 코딩합니다.

[시작하기 버튼을 클릭했을 때] 게임 설명을 할 동안 6초 기다리기 합니다.
화살의 이동방향을 화살표 쪽으로 바꾸기 위해 이동방향을 [0]으로 정합니다. 마우스가 움직이는 방향으로 이동방향을 바꾸기 위해 [마우스포인트 쪽 바라보기]하고, 마우스를 클릭할 때마다 화살 복제본을 만듭니다.

[복제본이 처음 생성되었을 때] 계속 반복하여 이동 방향으로 10만큼 움직입니다.

만일 벽에 닿으면 복제본을 삭제합니다.

만일 화살이 [오백원동전]에 닿으면 [코인추가] 소리를 재생하고, [모은 돈] 변수에 500원을 더하고, 복제본을 삭제합니다.

만일 화살이 [백원동전]에 닿으면 [코인추가] 소리를 재생하고, [모은 돈] 변수에 100원을 더하고, 복제본을 삭제합니다.

7 [백원동전] 오브젝트를 코딩합니다.

[시작하기 버튼을 클릭했을 때] 게임 설명할 동안 6초 기다리기 합니다.

가로영역 [-180 ~ 180 사이의 무작위 수]로 x좌표를 정해주면 랜덤한 위치로 이동하고 [0.1 ~ 0.5 사이의 무작위 수] 초만큼 기다리기 하면서 백원의 위치가 계속 반복하여 변동됩니다.

8 [오백원동전] 오브젝트를 코딩합니다.

[시작하기 버튼을 클릭했을 때] 게임 설명할 동안 6초 기다리기 합니다.

가로영역 [-180 ~ 180 사이의 무작위 수]로 x좌표를 정해주면 랜덤한 위치로 이동하고 [0.1 ~ 0.5 사이의 무작위 수] 초만큼 기다리기 하면서 오백원의 위치가 계속 반복하여 변동됩니다.

전체 코드

작품 완성 파일명 : 16_1_돈 벌기 게임 LEVEL 1.ent

작품 16-2
돈벌기 게임 LEVEL 2

난이도 ★★★☆☆   주요기능 복제, 장면

학습 목표
만들어진 작품을 활용하여 게임의 난이도를 조절하는 작품을 만들 수 있습니다.
- [장면 복제하기]를 이용하여 [장면]을 추가 할 수 있습니다.
- 난이도 조절을 위한 새로운 장애물을 만들 수 있습니다.

 **만들 작품 미리보기**   QR 코드   링크 주소 : https://youtu.be/3ooGe3lHeWg

 **작품 계획하기**

1. [LEVEL 1] 작품에서 동전 오브젝트 이동 시 [y좌표] 변화를 추가합니다.
2. [엔트리 동전]을 추가하여 [엔트리 동전]에 화살표가 닿으면 돈을 차감합니다.
3. 제한시간 20초 안에 많은 돈을 벌어보세요.

 **작품 만들기**　　작품 완성 파일명 : 16_2_돈 벌기 게임 LEVEL 2.ent

함께 만드는 강의QR 코드

링크 주소 :
https://youtu.be/Td32GgElJ-w

장면 추가하기

 [장면1]에 마우스포인터를 갖다 놓고 오른쪽 마우스를 클릭 [복제하기]를 클릭하여 [복제본_장면1]을 추가합니다.

※ 장면을 복제하면 장면에 있는 오브젝트, 코딩 블록이 모두 다 복제됩니다.

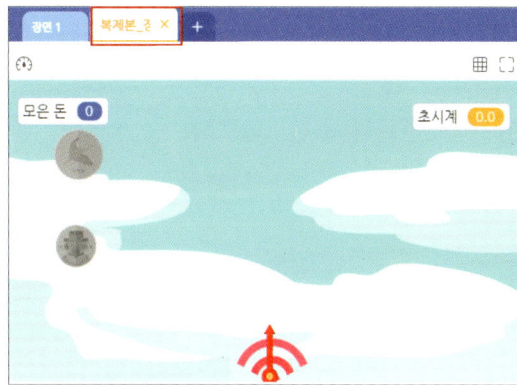

장면 이름 추가하기

[장면1]->[LEVEL 1], [복제본_장면1]->[LEVEL 2]로 장면의 이름을 수정합니다.

[LEVEL 2 장면] 오브젝트 추가하기

3 [오브젝트 추가하기] 버튼을 클릭하여 [엔트리 동전] 오브젝트를 추가합니다.

소리 추가하기

4 [엔트리 동전] 오브젝트를 클릭한 후 [소리] 탭을 선택하여 [실패한 샤라랑] 소리를 추가합니다.

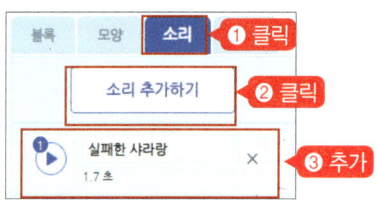

[LEVEL 1] 장면 코딩하기

5 [와이파이] 오브젝트를 코딩합니다.

기존 코딩 블록에서 [모든 코드멈추기] 블록을 삭제하고 [LEVEL 2 시작하기] 블록을 연결해 주세요.
[LEVEL2] 장면을 시작합니다.

 [LEVEL 2] 장면 코딩하기

6 [구름 세상] 오브젝트를 코딩합니다.

LEVEL2 [장면이 시작되었을 때] 배경 화면에 색깔 효과를 주어 장면이 변화됨을 느끼게 합니다.

7 [와이파이] 오브젝트를 코딩합니다.

[시작하기 버튼을 클릭했을 때] 블록을 삭제하고 [장면이 시작되었을 때] 블록으로 연결합니다. LEVEL1에서 사용했던 초시계를 다시 사용하기 위해 [초시계 초기화하기] 블록을 넣어줍니다.

8 [롤렛 화살표] 오브젝트를 코딩합니다.

[시작하기 버튼을 클릭했을 때] 블록을 삭제하고 [장면이 시작되었을 때] 블록으로 연결합니다. 그 외 다른 블록은 그대로 사용합니다.

9 [오백원동전] 오브젝트를 코딩합니다.

LEVEL 2

[시작하기 버튼을 클릭했을 때] 블록을 삭제하고 [장면이 시작되었을 때] 블록으로 연결합니다. 게임의 흥미를 높이기 위해 세로 영역 [0 ~ 120 사이의 무작위 수]로 y좌표를 정해주면 랜덤한 위치로 이동합니다.

10 [백원동전] 오브젝트를 코딩합니다.

LEVEL 2

[시작하기 버튼을 클릭했을 때] 블록을 삭제하고 [장면이 시작되었을 때] 블록으로 연결합니다. 게임의 흥미를 높이기 위해 세로 영역 [0 ~ 100 사이의 무작위 수]로 y좌표를 정해주면 랜덤한 위치로 이동합니다.

11 [엔트리 동전] 오브젝트를 코딩합니다.

LEVEL 2

[장면이 시작되었을 때] 게임 설명을 하는 6초 동안 기다립니다. 계속 반복하며 이동 방향으로 5만큼 움직이고 [화면 끝에 닿으면 튕기기]를 합니다. [룰렛 화살표]에 닿았다면 300원이 차감됩니다. 또, 크기, 모양을 바꿔주고 다시 원래의 모양 크기로 바꿔줍니다. [엔트리 동전]을 잘 피하며 돈을 버세요.

[화면 끝에 닿으면 튕기기] 될 때 [엔트리 동전]이 회전하는 것을 방지하기 위해서는 그림처럼 [회전 방식]을 바꿔주세요.

🐶 [LEVEL 1] 전체 코드

[LEVEL 2] 전체 코드

구름 세상 — LEVEL 2
- 장면이 시작되었을 때
  - 색깔 효과를 2 만큼 주기

와이파이 — LEVEL 2
- 장면이 시작되었을 때
  - 초시계 초기화하기
  - [LEVEL 2] 게임을 시작합니다. 을(를) 2 초 동안 말하기
  - 엔트리 동전에 닿으면 300원을 잃게 됩니다. 을(를) 2 초 동안 말하기
  - 20초 동안 많은 돈을 모으세요 을(를) 2 초 동안 말하기
  - 초시계 시작하기
  - 계속 반복하기
    - 만일 (초시계 값 ≥ 20) (이)라면
      - 초시계 정지하기
      - (번 돈은) 과(와) (모은 돈 값) 과(와) (원 입니다.) 를 합치기 를 합치기 을(를) 말하기
      - 모든 코드 멈추기

오백원동전 — LEVEL 2
- 장면이 시작되었을 때
  - 6 초 기다리기
  - 계속 반복하기
    - x: -180 부터 180 사이의 무작위 수 위치로 이동하기
    - y: 0 부터 120 사이의 무작위 수 위치로 이동하기
    - 0.1 부터 0.5 사이의 무작위 수 초 기다리기

백원동전 — LEVEL 2
- 장면이 시작되었을 때
  - 6 초 기다리기
  - 계속 반복하기
    - x: -180 부터 180 사이의 무작위 수 위치로 이동하기
    - y: 0 부터 100 사이의 무작위 수 위치로 이동하기
    - 0.1 부터 0.5 사이의 무작위 수 초 기다리기

엔트리 동전
LEVEL 2

```
[장면이 시작되었을 때]
6 초 기다리기
계속 반복하기
    이동 방향으로 5 만큼 움직이기
    화면 끝에 닿으면 튕기기
    만일 <룰렛 화살표1 ▼ 에 닿았는가?> (이)라면
        모은돈 ▼ 에 -300 만큼 더하기
        4 번 반복하기
            크기를 10 만큼 바꾸기
            다음 ▼ 모양으로 바꾸기
            0.1 초 기다리기
        크기를 -40 만큼 바꾸기
```

룰렛 화살표
LEVEL 2

```
[시작하기 버튼을 클릭했을 때]
6 초 기다리기
이동 방향을 0˚ (으)로 정하기
계속 반복하기
    마우스포인터 ▼ 쪽 바라보기
    만일 <마우스를 클릭했는가?> (이)라면
        자신 ▼ 의 복제본 만들기
        0.5 초 기다리기
```

```
[복제본이 처음 생성되었을때]
계속 반복하기
    이동 방향으로 10 만큼 움직이기
    만일 <벽 ▼ 에 닿았는가?> (이)라면
        이 복제본 삭제하기
    만일 <오백원동전 ▼ 에 닿았는가?> (이)라면
        소리 코인 추가 ▼ 재생하기
        모은돈 ▼ 에 500 만큼 더하기
        이 복제본 삭제하기
    만일 <백원동전 ▼ 에 닿았는가?> (이)라면
        소리 코인 추가 ▼ 재생하기
        모은돈 ▼ 에 100 만큼 더하기
        이 복제본 삭제하기
```

작품 17

좀비를 물리쳐라

난이도 ★★★★☆   주요기능 복제

학습 목표
야구공, 청소기, 손전등 등 생활 용품으로 좀비의 공격을 막는 게임을 만들어 봅시다.
- [복제] 기능을 이용하여 야구공 총알을 만들 수 있습니다.
- [복제] 기능을 이용하여 좀비를 여러 개 만들 수 있습니다.

 **만들 작품 미리보기**    링크 주소 :
https://youtu.be/MR0yxPwpi7s

작품 계획하기

1 [게임방법] 글상자는 게임 조작 방법을 설명해 줍니다.

2 [로봇청소기(1)]은 화면 중앙에 위치하며 [생명] 변수값을 체크하여 게임 종료를 검사합니다.

3 [손전등]은 [로봇청소기(1)] 위치로 이동하고 마우스 포인터 쪽을 바라봅니다. 위쪽 화살표 키가 눌렸을 때 총알인 [야구공]을 복제합니다.

4 [밤하늘(2)] 배경은 오른쪽 키와 왼쪽 키를 눌렸을 때 좌표값을 이동하여 화면이 이동하는 효과를 만들어줍니다.

5 [좀비(4)]는 복제 기능으로 무작위 위치에서 나타납니다.

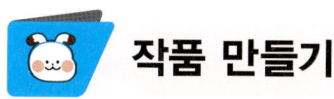 **작품 만들기**   작품 완성 파일명 : 17_좀비를물리쳐라.ent

 함께 만드는 강의QR 코드   링크 주소 : https://youtu.be/DUJSqxVQTkA

🐰 오브젝트 추가하기

1️⃣ [오브젝트 추가하기] 버튼을 클릭하여 [밤하늘(2)], [야구공], [손전등], [로봇청소기(2)], [좀비(4)] 오브젝트를 추가합니다.

2️⃣ [오브젝트 추가하기] 버튼을 클릭하여 [글상자] 오브젝트를 추가합니다.

글상자 이름: 게임방법, 폰트:나눔고딕체 배경색: 노란색 여러줄쓰기 로 입력합니다.

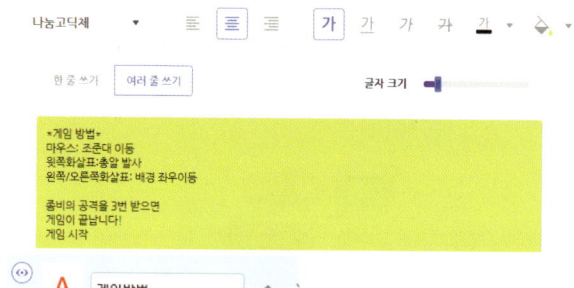

* 게임 방법 *
마우스: 조준대 이동
윗쪽화살표:총알 발사
왼쪽/오른쪽화살표: 배경 좌우이동

좀비의 공격을 3번 받으면 게임이 끝납니다!
게임 시작

🐰 변수 추가하기

3️⃣ [속성] ➡ [변수] ➡ [변수 추가하기] ➡ [점수], [생명] 변수를 추가합니다.

신호 추가하기

4 [속성] ➡ [신호] ➡ [신호 추가하기] ➡ [게임시작] 신호를 추가합니다.

소리 추가하기

5 각각의 오브젝트를 클릭한 후 [소리] 탭을 선택하여 소리를 추가합니다.

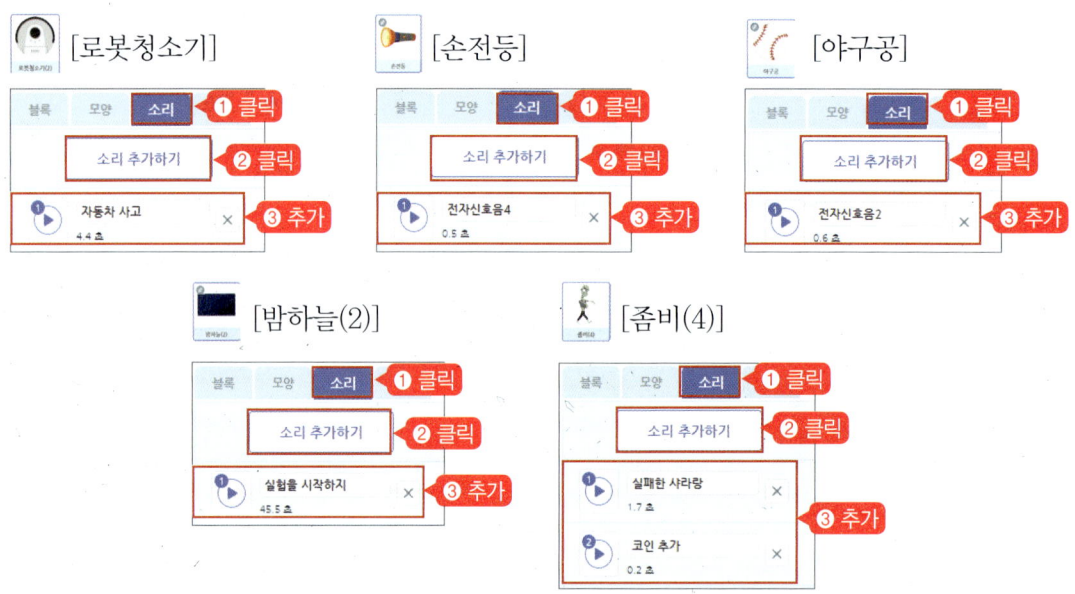

 코딩하기

6 [게임방법] 오브젝트를 코딩합니다.

[시작하기 버튼을 클릭했을 때] 게임 방법을 설명해줍니다. 게임시작 신호를 보내고 모양을 숨깁니다.

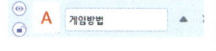

7 [로봇청소기(2)] 오브젝트를 코딩합니다.

[게임시작 신호를 받았을 때] 화면의 중앙으로 이동하고, [생명] 변수값을 비교하여 0이 될 때 [자동차 사고] 소리 효과를 내고, 게임을 종료 시킵니다.

8 [손전등] 오브젝트를 코딩합니다.

[게임시작 신호를 받았을 때] 화면의 중앙에 있는 [로봇청소기] 위치로 이동합니다. 손전등을 발사대로 쏘기 위해 모양을 270만큼 회전시킵니다.
[손전등]은 마우스포인터쪽을 바라보면서 조준 방향을 이동시킵니다.
[위쪽 화살표 키가 눌렸을 때] 소리 효과를 내고, 야구공의 복제본을 만듭니다.

9 [야구공] 오브젝트를 코딩합니다.

[게임시작 신호를 받았을 때] 야구공을 숨기고, 기본 크기로 초기화 합니다.

[복제본이 처음 생성되었을 때] 손전등 위치로 이동하고, 손전등에서 발사되기 위해서 손전등의 방향과 동일한 방향으로 정합니다.

손전등은 이미 마우스 포인터쪽을 바라보고 있기 때문에 야구공은 손전등 방향에서 시작할 수 있도록 설정합니다.

야구공의 기본 설정이 끝나면 모양을 보이고 이동방향으로 이동시켜 발사되는 효과를 만듭니다. 벽에 닿으면 복제본을 삭제합니다.

10 [밤하늘(2)] 오브젝트를 코딩합니다.

[게임시작 신호를 받았을 때] 배경음악이 되는 [실험을 시작하자] 소리를 재생합니다.

[게임시작 신호를 받았을 때] 오른쪽/왼쪽 화살표 키가 눌렸는지 검사하여 화면을 좌/우로 움직여 줍니다.

11 [좀비(4)] 오브젝트를 코딩합니다.

[게임시작 신호를 받았을 때] 크기를 초기화하고, 무작위수 간격으로 자신의 복제본을 만듭니다.

```
게임시작▼ 신호를 받았을 때
크기를 30 (으)로 정하기
모양 숨기기
계속 반복하기
    2 부터 5 사이의 무작위 수 초 기다리기
    자신▼ 의 복제본 만들기
```

[복제본이 처음 생성되었을 때] 걷기 효과를 주기 위해 주기적으로 다음 모양으로 바꾸어줍니다.

```
복제본이 처음 생성되었을때
계속 반복하기
    다음▼ 모양으로 바꾸기
    0.1 초 기다리기
```

좀비(4)

[복제본이 처음 생성되었을 때] 무작위 위치에서 나타나기 위해 위치로 이동하고, 로봇청소기를 향해 걸어가기 위해 [로봇청소기(1)]쪽 바라보기 블록을 사용합니다. 모양을 보이고 로봇청소기를 향해 이동합니다.
야구공을 맞은 경우 효과음 출력, 점수 증가, 복제본을 삭제합니다.
로봇청소기에 닿은 경우 효과음 출력, 생명 감소, 복제본을 삭제합니다.

```
복제본이 처음 생성되었을때
x: -400 부터 400 사이의 무작위 수 y: -180 부터 180 사이의 무작위 수 위치로 이동하기
로봇청소기(1)▼ 쪽 바라보기
모양 보이기
계속 반복하기
    이동 방향으로 0.5 만큼 움직이기
    크기를 0.1 만큼 바꾸기
    만일 야구공▼ 에 닿았는가? (이)라면
        소리 코인 추가▼ 재생하기
        이동 방향으로 -1 만큼 움직이기
        점수▼ 에 1 만큼 더하기
        이 복제본 삭제하기
    만일 로봇청소기(1)▼ 에 닿았는가? (이)라면
        소리 실패한 사라랑▼ 재생하기
        생명▼ 에 -1 만큼 더하기
        이 복제본 삭제하기
```

🐰 전체 코드

스프라이트	스크립트

야구공	**복제본이 처음 생성되었을때**
	손전등 ▼ 위치로 이동하기
	방향을 손전등 ▼ 의 방향 ▼ (으)로 정하기
	모양 보이기
	계속 반복하기
	  이동 방향으로 5 만큼 움직이기
	  크기를 -0.3 만큼 바꾸기
	  만일 < 벽 ▼ 에 닿았는가? > 또는 < 좀비(4) ▼ 에 닿았는가? > (이)라면
	    0.1 초 기다리기
	    모양 숨기기
	    이 복제본 삭제하기
	
	게임시작 ▼ 신호를 받았을 때
	모양 숨기기
	크기를 20 (으)로 정하기

밤하늘(2)	**게임시작 ▼ 신호를 받았을 때**
	계속 반복하기
	  만일 < 오른쪽 화살표 ▼ 키가 눌러져 있는가? > (이)라면
	    만일 < 자신 ▼ 의 x좌푯값 ▼ > -350 > (이)라면
	      이동 방향으로 -10 만큼 움직이기
	  만일 < 왼쪽 화살표 ▼ 키가 눌러져 있는가? > (이)라면
	    만일 < 자신 ▼ 의 x좌푯값 ▼ < 350 > (이)라면
	      이동 방향으로 10 만큼 움직이기
	
	게임시작 ▼ 신호를 받았을 때
	소리 실험을 시작하지 ▼ 재생하기

좀비(4)	**게임시작 ▼ 신호를 받았을 때**
	크기를 30 (으)로 정하기
	모양 숨기기
	계속 반복하기
	  2 부터 5 사이의 무작위 수 초 기다리기
	  자신 ▼ 의 복제본 만들기
	
	복제본이 처음 생성되었을때
	계속 반복하기
	  다음 ▼ 모양으로 바꾸기
	  0.1 초 기다리기
	
	복제본이 처음 생성되었을때
	x: -400 부터 400 사이의 무작위 수 y: -180 부터 180 사이의 무작위 수 위치로 이동하기
	로봇청소기(1) ▼ 쪽 바라보기
	모양 보이기
	계속 반복하기
	  이동 방향으로 0.5 만큼 움직이기
	  크기를 0.1 만큼 바꾸기
	  만일 < 야구공 ▼ 에 닿았는가? > (이)라면
	    소리 코인 추가 ▼ 재생하기
	    이동 방향으로 -1 만큼 움직이기
	    점수 ▼ 에 1 만큼 더하기
	    이 복제본 삭제하기
	  만일 < 로봇청소기(1) ▼ 에 닿았는가? > (이)라면
	    소리 실패한 사랑 ▼ 재생하기
	    생명 ▼ 에 -1 만큼 더하기
	    이 복제본 삭제하기

4 장

즐거운 인공지능 게임 만들기

작품	제목
작품 18	한국의 엔트롤 박수 댄스
작품 19	코로 조종하는 전투기 게임
작품 20	소리로 홈런치기
작품 21	미션! 보물선에 보물을 담아라!
작품 22	사물을 찾아라!
작품 23	펀치로 스트레스 풀기
작품 24	식인 나무를 뽑아 놀이공원 지키기
작품 25	축구 헤딩 연습
작품 26	2인용 어깨 권투게임
작품 27	소리로 하는 점프게임
작품 28	운동하며 좀비 피하기 게임
작품 29	무궁화 꽃이 피었습니다.
작품 30	OX퀴즈로 나무 키우기
작품 31	사슴벌레 키우기

작품 18 | 한국의 엔트돌 박수 댄스

| 난이도 | ★★☆☆☆ | 주요기능 | 오디오 감지 (마이크 소리) |

학습 목표
인공지능 [오디오 감지]를 활용하여 [마이크 크기]를 측정하여 춤을 추는 프로그램을 만들 수 있습니다.
- [선택 구조]를 이용하여 [마이크 크기]에 따라 조건을 선택할 수 있습니다.
- [복제]를 이용하여 그룹팀을 만들 수 있습니다.

 **만들 작품 미리보기** QR 코드 링크 주소 :
https://youtu.be/jBlULmKflSg

작품 계획하기

1. 마이크가 연결될 때까지 기다립니다.

2. 복제를 3번 반복하여 3인조 엔트돌 그룹 팀을 만듭니다.

3. 손뼉을 칠 때 [마이크 크기]를 측정하여, 손뼉을 칠 때마다 안무를 바꾸며 춤을 춥니다.

 **작품 만들기**　　작품 완성 파일명 : 18_한국의 엔트돌 박수 댄스.ent

| 함께 만드는 강의QR 코드 | 링크 주소 :
https://youtu.be/0U1_6tV4BrM |

오브젝트 추가하기

1 [오브젝트 추가하기] 버튼을 클릭하여 [광화문_1], [[묶음] 정장 엔트리봇(1)] 오브젝트를 추가합니다.

소리 추가하기

2 [[묶음] 정장 엔트리봇(1)] 오브젝트를 클릭 한 후 [소리]탭을 선택하여 [가장 큰 탐탐] 소리를 추가합니다.

인공지능 추가하기

3 블록의 탭에서 [인공지능 블록 불러오기]를 클릭하여 [오디오 감지]를 불러옵니다.

 **TIP** 인공지능 [오디오 감지]에 대해 알아봐요

엔트리 인공지능 [오디오 감지] 기능은 네이버가 개발한 인공지능 음성인식기술 '클로바 스피치(CLOVA Speech)'를 활용해서, 마이크로 입력하는 소리를 감지하고, 문자로 바꿀 수 있는 블록입니다.

`마이크가 연결되었는가?`

마이크가 연결되었는지 확인하는 블록입니다.
컴퓨터에 마이크가 연결되어 있다면 참으로, 아니라면 거짓으로 판단하는 블록입니다.

`마이크 소리크기`

음성 인식 창에서 입력한 소리의 크기를 가져오는 값 블록입니다.

##

4 [묶음] 정장 엔트리봇(1)] 오브젝트를 코딩합니다.

[시작하기 버튼을 클릭했을 때] 엔트돌의 모양을 숨기고 [마이크가 연결될 때]까지 기다립니다.
3번 반복하여 [자신의 복제본 만들기]를 하고 [x좌표를 100만큼 바꾸기]하여 엔트돌의 위치를 정해 줍니다.

[복제본이 처음 생성되었을 때] [모양 보이기]를 합니다.
손뼉 칠 때의 소리는 [마이크 소리크기]로 측정됩니다. [마이크 소리크기]가 20보다 클 때 소리가 재생되고 [다음 모양 바꾸기]하여 춤을 춥니다.

 **전체 코드** 　　　작품 완성 파일명 : 18_한국의 엔트돌 박수 댄스.ent

작품 19
코로 조종하는 전투기 게임

난이도 ★★★☆☆   **주요기능** 비디오 감지, 복제

학습목표
비디오 감지의 얼굴인식 기능을 활용하여 전투기를 조종하는 게임을 만들 수 있습니다.
- [비디오감지]를 이용하여 코의 좌표를 활용할 수 있습니다.
- [복제]를 이용하여 총알을 발사 할 수 있습니다.

 **만들 작품 미리보기**   QR 코드 링크 주소 : https://youtu.be/3-JsDafaemc

작품 계획하기

1. 전투기의 좌우 움직임은 인식된 얼굴중 코의 X좌표값으로 이동시킵니다.
2. 인식된 코의 Y좌표값이 0이상일 때(얼굴을 위로 들어 올릴 때) 총알이 발사됩니다.
3. 별을 지정한 점수만큼 맞추면 게임이 종료됩니다.

 ## 작품 만들기

작품 완성 파일명 : 19_코로 조종하는 전투기 게임.ent

| 함께 만드는
강의QR 코드 | 링크 주소 :
https://youtu.be/BkQqQY1WdMg |

오브젝트 추가하기

1 [오브젝트 추가하기] 버튼을 클릭하여 [게임기(1)], [회전하는 별], [전투기(6)], [총알] 오브젝트를 추가합니다.

오브젝트 수정하기

2 오브젝트의 크기를 화면에 맞춰 변경합니다.

변수 추가하기

3 [속성] ➔ [변수] ➔ [변수 추가하기] ➔ [점수] 변수를 추가합니다.

소리 추가하기

4 [총알] 오브젝트를 클릭 한 후 [소리] 탭을 선택하여 [총 소리] 소리를 추가합니다.

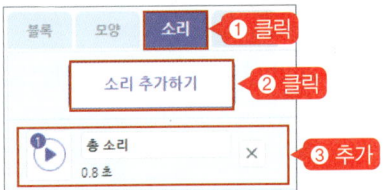

인공지능 기능 추가하기

5 블록의 [인공지능] 탭에서 [인공지능 블록 불러오기]를 클릭하여 [비디오감지] > [얼굴인식]를 불러옵니다.

코딩하기

6 [전투기(6)] 오브젝트를 코딩합니다.

[시작하기 버튼을 클릭했을 때] 얼굴 인식 기능을 시작합니다.
전투기의 X좌표는 코의 X좌표값에 따라 좌/우 이동합니다.
코의 Y좌표값이 0보다 커질 때 총알을 복제하여 발사합니다.
점수값이 5가 될 때 게임을 종료시킵니다.

7 [총알] 오브젝트를 코딩합니다.

[시작하기 버튼을 클릭했을 때] 총알의 원본은 모양 숨기기 합니다.

[복제본이 처음 생성되었을 때] 모양을 보이고, 화면 위로 이동하기 위하여 Y좌표값을 증가시킵니다. 위쪽 벽에 닿은 경우 복제본을 삭제합니다.
회전하는별에 닿은 경우 점수를 1 더하고, 소리를 재생하고 복제본을 삭제합니다.

8 [회전하는 별] 오브젝트를 코딩합니다.

[시작하기 버튼을 클릭했을 때] 회전하는 효과를 주기 위해 모양을 4번 바꿉니다. 화면 상단에서 X 좌표값은 -140~140 사이의 무작위 수지정하여 무작위 위치에서 나타나도록 합니다.

9 [게임기(1)] 오브젝트를 코딩합니다.

[시작하기 버튼을 클릭했을 때] 카메라 비디오 화면을 보이기 위해 투명도 효과를 50으로 정한다.

4장_즐거운 인공지능 게임 만들기

전체 코드

작품 완성 파일명 : 19_코로 조종하는 전투기 게임.ent

작품 20
소리로 홈런치기

난이도 ★★★☆☆   주요기능 오디오 감지

학습 목표
오디오 감지 기능을 활용하여 소리로 야구 게임을 할 수 있습니다.
- [오디오 감지]의 마이크 소리를 이용하여 타자의 동작을 제어할 수 있습니다.
- [복제]를 이용하여 무작위하게 날아오는 야구공 효과를 만들 수 있습니다.

만들 작품 미리보기

QR 코드   링크 주소 :
https://youtu.be/SkDS413BnZk

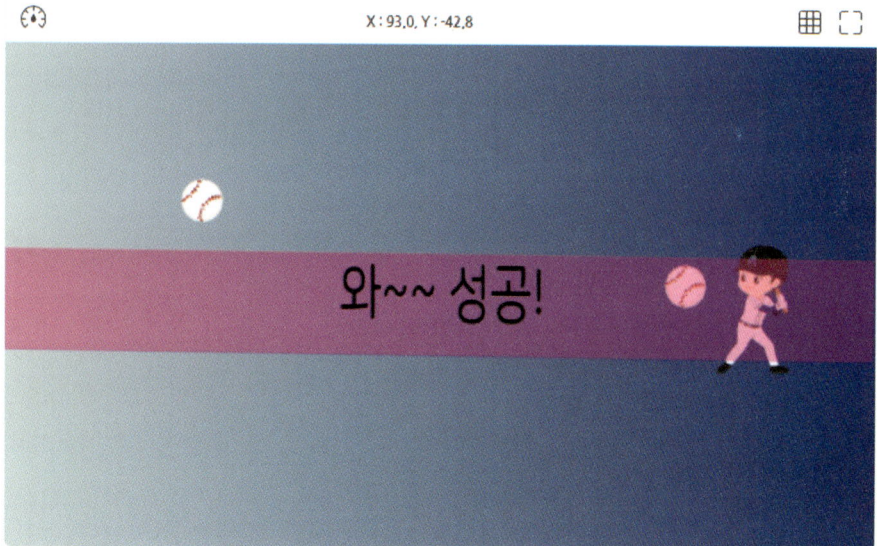

작품 계획하기

1. [타자]는 마이크 소리를 감지하여 소음이 발생했을 때 스윙합니다.
2. [야구공]은 무작위 위치에서 [타자]쪽을 바라보며 이동합니다.
3. [야구공]은 [타자]가 스윙중인지 체크하여 효과음과 점수를 증가시킵니다.
4. 스윙이 성공하여 안타를 친 경우 [효과] 오브젝트를 통해 홈런 효과를 줍니다.

4장_즐거운 인공지능 게임 만들기

 ## 작품 만들기

작품 완성 파일명 : 20_소리로홈런치기게임.ent

함께 만드는
강의QR 코드

링크 주소 :
https://youtu.be/yLPWKdbiKGg

오브젝트 추가하기

1 [오브젝트 추가하기] 버튼을 클릭하여 [그라데이션], [야구공], [타자] 오브젝트를 추가합니다.

2 [오브젝트 추가하기] 버튼을 클릭하여 [글상자] 오브젝트를 추가합니다.

글상자 이름: 점수, 폰트:나눔스퀘어라운드체, 배경색: 없음 으로 입력합니다.

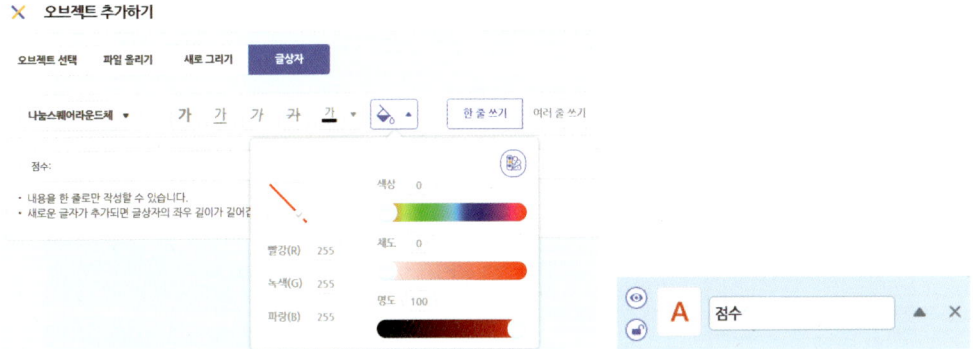

3 [오브젝트 추가하기] 버튼을 클릭하여 [새로 그리기] ➡ [이동하기] 선택합니다.

오브젝트이름:효과, 사격형그리기, 윤곽선색상, 채우기색상을 선택한 후에 이름을 [효과]로 입력합니다.

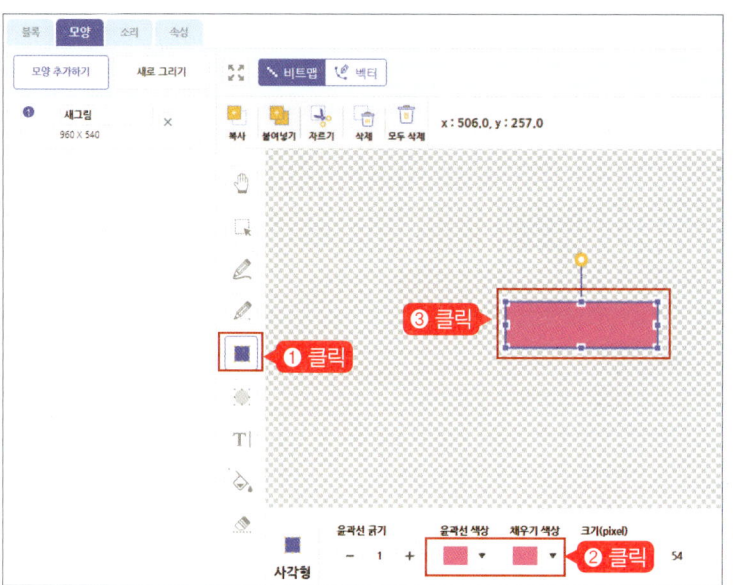

변수 추가하기

4 [속성] ➡ [변수] ➡ [변수 추가하기] ➡ [점수] 변수를 추가합니다.

신호 추가하기

5 [속성] ➡ [신호] ➡ [신호 추가하기] ➡ [득점] 신호를 추가합니다.

🐶 소리 추가하기

6 [🥎 야구공] 오브젝트를 클릭 한 후 [소리] 탭을 선택하여 [병뚜껑 따는 소리] 소리를 추가합니다.

🐶 인공지능 기능 추가하기

7 블록의 탭에서 [인공지능 블록 불러오기]를 클릭하여 [오디오 감지]를 불러옵니다.

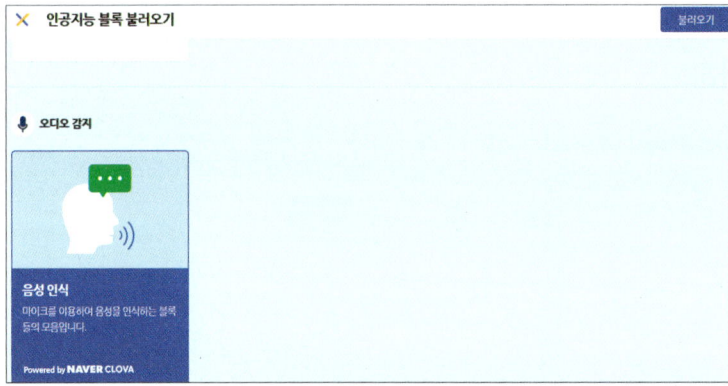

🐶 코딩하기

8 [타자] 오브젝트를 코딩합니다.

[시작하기 버튼을 클릭했을 때] 오디오 감지의 마이크 소리 감지를 시작합니다.
주변의 소음 정도에 따라 마이크 소리의 비교값(2)를 조절하여 소음이 발생했을 때 타자의 모양을 변화 시켜 스윙효과를 줍니다.

9 [야구공] 오브젝트를 코딩합니다.

[시작하기 버튼을 클릭했을 때] 야구공의 원본은 모양 숨기고, 무작위 주기로 복제합니다.

[복제본이 처음 생성되었을 때] 모양을 보이고, 화면 왼쪽에서 무작위 높이에서 생성될 수 있도록 위치를 이동시킵니다.
[타자]쪽으로 이동하기 위해 [~쪽 바라보기]를 사용하고, 공의 이동 속도를 무작위 수로 조절합니다.
[야구공]은 오른쪽에 벽에 닿을 때까지 타자쪽으로 이동합니다. 이동 중에 타자가 스윙중인지 검사하여, 스윙중인 경우(모양 번호가 2번일 때) 안타 효과를 주기 위해 소리와 이동방향을 반대로 설정합니다.
득점 신호를 보내고 기다립니다.
※야구공이 타자에 닿는 순간이 중복으로 체크 될 수 있어 [~신호를 보내고 기다리기]를 사용합니다.
[야구공]은 왼쪽벽까지 이동되면 복제본을 삭제합니다.

10 [점수] 글상자 오브젝트를 코딩합니다.

[시작하기 버튼을 클릭했을 때] 점수 변수를 초기화 하고 글상자에 표시해 줍니다.
게임을 종료할 점수값을 비교하여 게임이 종료되면 글상자의 위치를 화면 중앙(0,0)으로 이동 시키고 모든 코드를 멈춥니다.

[득점 신호를 받았을 때] 점수를 증가시키고, 글상자에 점수를 표시합니다.

11 [효과] 오브젝트를 코딩합니다.

[득점 신호를 받았을 때] 타자쪽을 바라보며 투명 효과를 변경하여 안타를 친 효과를 표시해 줍니다. 효과 표시후엔 다시 모양 숨기기 합니다.

전체 코드

작품 완성 파일명 : 20_소리로홈런치기게임.ent

176 만들면서 배우는 40개의 엔트리 게임 + 인공지능 게임

아구공

복제본이 처음 생성되었을때
- 모양 보이기
- x: -230 y: -130 부터 130 사이의 무작위 수 위치로 이동하기
- 타자▼ 쪽 바라보기
- 오른쪽 벽▼ 에 닿았는가? 이 될 때까지▼ 반복하기
  - 이동 방향으로 5 부터 10 사이의 무작위 수 만큼 움직이기
  - 만일 타자▼ 에 닿았는가? 그리고 타자▼ 의 모양 번호 = 2 (이)라면
    - 이동 방향을 아구공▼ 의 이동방향▼ - 180 (으)로 정하기
    - 이동 방향을 5° 만큼 회전하기
    - 소리 병뚜껑 따는 소리▼ 0.5 초 재생하기
    - 득점▼ 신호 보내고 기다리기
- 이 복제본 삭제하기

A 점수

시작하기 버튼을 클릭했을 때
- 점수▼ 를 0 (으)로 정하기
- 점수: 과(와) 점수▼ 값 를 합치기 라고 글쓰기
- 계속 반복하기
  - 만일 점수▼ 값 ≥ 5 (이)라면
    - 5 번 반복하기
      - x: 0 y: 0 위치로 이동하기
      - 와~~ 성공! 라고 글쓰기
      - 크기를 1 만큼 바꾸기
    - 모든▼ 코드 멈추기

득점▼ 신호를 받았을 때
- 점수▼ 에 1 만큼 더하기
- 득점: 과(와) 점수▼ 값 를 합치기 라고 글쓰기

효과

득점▼ 신호를 받았을 때
- 타자▼ 쪽 바라보기
- 모양 보이기
- 10 번 반복하기
  - 투명도▼ 효과를 10 만큼 주기
- 효과 모두 지우기
- 모양 숨기기

작품 21

미션! 보물선에 보물을 담아라!!

난이도 ★★★☆☆　　**주요기능** 오디오 감지, 복제

학습 목표
보물을 복제로 만들고, 경우에 따라 점수를 증가 또는 감소시키는 [함수]를 만들어 봅니다.
같은 기능을 하는 아이템 추가 시 함수를 호출하여 쉽게 코딩하는 작품을 만들어 봅니다.
- 기다리기, 모양 숨기기, 복제본 만들기 기능이 있는 [함수]를 만들 수 있습니다.
- 시작 위치 정하기, 모양 보이기, 아래로 이동하기, 점수를 증가 또는 감소 시키는 기능이 있는 [함수]를 만들 수 있습니다.
- 만들어진 [함수]를 간결하게 코딩에 적용할 수 있습니다.

 **만들 작품 미리보기**　　QR 코드　　링크 주소 : https://youtu.be/tYQcqr-jSfo

 작품 계획하기

1. 해적선은 게임 설명을 하고, 좌우로 움직이며 보물을 담을 수 있습니다.
2. 보물상자(10점), 황금사과(5점), 보석(1점)을 담으면 점수가 증가합니다.
3. 돌멩이(-10점), 바닥에 닿으면 (-5)점 점수가 차감됩니다.
4. 점수가 50점 이상이 되면 게임을 종료합니다.

 작품 만들기

작품 완성 파일명 : 21_미션_ 보물선에 보물을 담아라__.ent

함께 만드는
강의QR 코드

링크 주소 :
https://youtu.be/6PO_DgfLSug

오브젝트 추가하기

1 [오브젝트 추가하기] 버튼을 클릭하여 [바다], [해적선(1)], [보물상자(1)], [황금사과], [보석], [검은 돌멩이] 오브젝트를 추가합니다.

소리 추가하기

2 [해적선(1)] 오브젝트를 클릭한 후 [소리] 탭을 선택하여 [햇볕은 쨍쨍] 소리를 추가합니다.

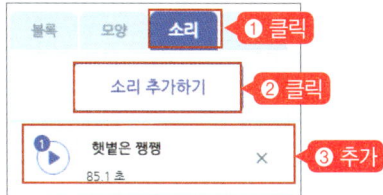

신호/변수 추가하기

3 [속성] ➡ [신호] ➡ [신호 추가하기] ➡ [게임시작] 신호를 추가합니다.

[속성] –> [변수] –> [변수 추가하기] ➡ [점수] 를 추가합니다.

함수 추가하기

4 [속성] ➡ [함수] ➡ [함수 추가하기] ➡ [복제본만들기] 함수를 추가합니다.

[복제본만들기] 함수는 모양을 숨기고, [2부터 5사이의 무작위 수]초 기다리기하여 랜덤하게 복제본을 만듭니다.

5 [속성] ➡ [함수] ➡ [함수 추가하기] ➡ [복제본_점수 입력] 함수를 추가합니다.

[복제본_점수 입력] 함수는 랜덤한 x좌표값을 이용하여 위치로 이동하고 모양 보이기합니다. 계속 반복하며 [해적선에 닿았다면] 함수로 넘어온 [숫자값1] 만큼 점수를 증가시키고, 복제본을 삭제합니다. [검은 돌멩이가 아니고 아래쪽 벽에 닿았다면] 점수를 5점 차감하고 복제본을 삭제합니다.

인공지능 기능 추가하기

6 블록의 인공지능 탭에서 [인공지능 블록 불러오기]를 클릭하여 [읽어주기]를 불러옵니다.

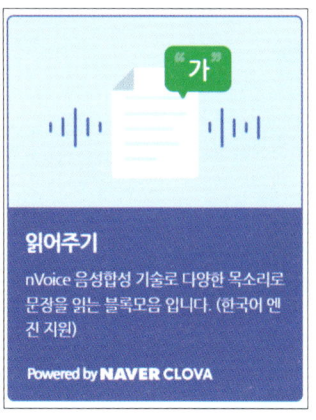

 **코딩하기**

7 [해적선] 오브젝트를 코딩합니다.

시작하기 버튼을 클릭했을 때] "보석=1점, 황금사과=5점, 보물상자=10점 입니다. 바닥에 닿으면 -5점, 검은 돌멩이에 닿으면 -10점 감점되고 점수 50점이 되면 게임이 종료"됨을 말하고 읽어줍니다. [게임시작]신호를 보냅니다.

[게임시작]신호를 받았을 때, [햇볕은 쨍쨍] 배경 음악을 재생시킵니다.
계속 반복하여 [점수]값이 50점보다 크거나 같아지면 "게임 오버!"를 말하고 크기를 200으로 키운 후 모든 소리, 모든 코드를 멈추기 합니다.

[왼쪽 화살표]키를 눌렀을 때 왼쪽으로 이동합니다.

[오른쪽 화살표]키를 눌렀을 때 오른쪽으로 이동합니다.

8 [보물상자(1)] 오브젝트를 코딩합니다.

[게임시작 신호를 받았을 때] [복제본만들기]함수를 실행합니다.

[복제본이 처음 생성되었을 때] [복제본_점수입력]함수를 실행합니다.
숫자값으로 10을 보냅니다. 이 값은 해적선에 닿으면 점수 10점을 증가시킵니다.

9 [황금사과] 오브젝트를 코딩합니다.

[게임시작 신호를 받았을 때] [복제본만들기]함수를 실행합니다.

[복제본이 처음 생성되었을 때] [복제본_점수입력] 함수를 실행합니다. 숫자값으로 5을 보냅니다. 이 값은 해적선에 닿으면 점수 5점을 증가시킵니다.

10 [보석] 오브젝트를 코딩합니다.

[게임시작 신호를 받았을 때] [복제본만들기]함수를 실행합니다.

[복제본이 처음 생성되었을 때] [복제본_점수입력] 함수를 실행합니다. 숫자값으로 1을 보냅니다. 이 값은 해적선에 닿으면 점수 1점을 증가시킵니다.

11 [검은 돌맹이] 오브젝트를 코딩합니다.

[게임시작 신호를 받았을 때] [복제본만들기]함수를 실행합니다

[복제본이 처음 생성되었을 때] [복제본_점수입력] 함수를 실행합니다. 숫자값으로 -10을 보냅니다.
이 값은 해적선에 닿으면 점수 -10점을 감점합니다.

전체 코드

작품 완성 파일명 : 21_미션_ 보물선에 보물을 담아라__.ent

검은 돌멩이	
	시작하기 버튼을 클릭했을 때 돌멩이를 담으면 -10점 을(를) 1 초 동안 말하기▼ 복제본만들기 **복제본이 처음 생성되었을때** 복제본_점수 입력 -10
복제본만들기	**함수 정의하기** 복제본만들기 모양 숨기기 계속 반복하기 　자신▼ 의 복제본 만들기 　2 부터 5 사이의 무작위 수 초 기다리기
복제본_점수 입력 10	**함수 정의하기** 복제본_점수 입력 문자/숫자값 1 x: -200 부터 200 사이의 무작위 수 위치로 이동하기 모양 보이기 계속 반복하기 　만일 해적선(1)▼ 에 닿았는가? (이)라면 　　점수▼ 에 문자/숫자값 1 만큼 더하기 　　이 복제본 삭제하기 　만일 < 아래쪽 벽▼ 에 닿았는가? 그리고▼ < 검은 돌멩이▼ 에 닿았는가? (이)가 아니다 > (이)라면 　　점수▼ 에 -5 만큼 더하기 　　이 복제본 삭제하기 　y 좌표를 -1 만큼 바꾸기

작품 22

사물을 찾아라!

난이도 ★★★☆☆   **주요기능** 비디오 감지(사물 인식), 읽어주기, 함수

학습 목표
비디오 감지의 사물인식 기능을 활용하여 제시된 사물을 찾는 게임을 만들어 봅시다.
- [비디오 감지] 사물 인식 기능을 활용하여 화면의 사물을 인식할 수 있습니다.
- [읽어주기]를 이용하여 게임방법과 결과를 읽어줄 수 있습니다.
- [함수]를 사용하여 같은 동작을 하는 오브젝트에서 호출하도록 합니다.

 **만들 작품 미리보기**   QR 코드 링크 주소 : https://youtu.be/f0wJEcjGNx0

작품 계획하기

1 [커서(2)] 오브젝트는 사물 인식을 시작합니다. 화면에 표시된 사물을 찾았을때 [스페이스키]를 누르고, 인식 결과에 따라 화면에 표시된 사물로 이동하여 결과를 표시해 줍니다.

2 [초록컵], [핸드폰], [책_4], [병] 오브젝트는 [사물찾기체크하기] 함수를 실행하면서 커서에 닿았는지를 체크하여 사물찾기에 성공했다면 모양을 숨깁니다. 화면에 모든 사물이 사라지게 되면 게임이 종료됩니다.

 **작품 만들기**   작품 완성 파일명 : 22_사물을찾아라.ent

| 함께 만드는 강의QR 코드 | 링크 주소 : https://youtu.be/TIhlzQr6eCo |

오브젝트 추가하기

1 [오브젝트 추가하기] 버튼을 클릭하여 [초록컵], [핸드폰], [책_4], [병], [커서(2)] 오브젝트를 추가합니다.

변수 추가하기

2 [속성] ➡ [변수] ➡ [변수 추가하기] ➡ [사물개수] 변수를 추가합니다.

인공지능 기능 추가하기

3 블록의 탭에서 [인공지능 블록 불러오기]를 클릭하여 [비디오감지-사물인식], [읽어주기]를 불러옵니다.

함수 추가하기

4 [속성] ➡ [함수] ➡ [함수 추가하기] ➡ [사물찾기체크하기] 함수를 추가합니다.

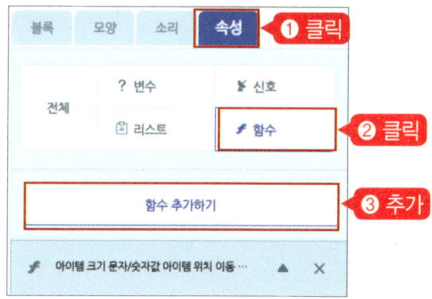

[사물찾기체크하기] 함수를 만듭니다.

커서(2)에 닿은 경우 사물 찾기에 성공하였다고 판단하여 찾아야 할 사물개수는 감소시키고, 모양도 숨기도록 합니다.

코딩하기

5 [커서(2)] 오브젝트를 코딩합니다.

[시작하기 버튼을 클릭했을 때] 사물개수를 4로 초기화 해줍니다.
사물 인식을 시작합니다. 게임 방법을 읽어줍니다.
계속해서 사물개수를 체크해서 게임이 종료 되었는지 체크합니다.

6 [초록컵] 오브젝트를 코딩합니다.

[시작하기 버튼을 클릭했을 때] 사물찾기체크하기 함수를 호출합니다. 사물 인식이 성공한 경우는 커서(2)와 컵/핸드폰/책/병이 닿은 경우입니다.
[사물찾기체크하기]함수에서 사물을 숨기면서 인식 성공 결과를 알려줍니다.

7 [핸드폰] 오브젝트를 코딩합니다.

[시작하기 버튼을 클릭했을 때] 사물찾기체크하기 함수를 호출합니다.

8 [책_4] 오브젝트를 코딩합니다.

[시작하기 버튼을 클릭했을 때] 사물찾기체크하기 함수를 호출합니다.

9 [병] 오브젝트를 코딩합니다.

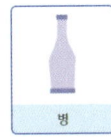

[시작하기 버튼을 클릭했을 때] 사물찾기체크하기 함수를 호출합니다.

전체 코드

작품 완성 파일명 : 22_사물을찾아라.ent

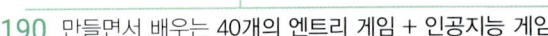

스프라이트	블록
커서(2)	만일 〈사물 중 책▼ 을(를) 인식했는가?〉 (이)라면 　찾았다 책 읽어주기 　2 초 동안 책_4▼ 위치로 이동하기 　2 초 동안 x: 0 y: -120 위치로 이동하기 만일 〈사물 중 병▼ 을(를) 인식했는가?〉 (이)라면 　찾았다 병 읽어주기 　2 초 동안 병▼ 위치로 이동하기 　2 초 동안 x: 0 y: -120 위치로 이동하기 아니면 　화면에 표시된 사물을 인식시키세요 읽어주기 인식한 사물 숨기기▼
초록 컵	시작하기 버튼을 클릭했을 때 사물찾기체크하기
핸드폰	시작하기 버튼을 클릭했을 때 사물찾기체크하기
책_4	시작하기 버튼을 클릭했을 때 사물찾기체크하기
병	시작하기 버튼을 클릭했을 때 사물찾기체크하기
사물찾기체크하기	함수 정의하기 사물찾기체크하기 계속 반복하기 　만일 〈커서(2)▼ 에 닿았는가?〉 (이)라면 　　사물개수▼ 에 -1 만큼 더하기 　　모양 숨기기

4장_즐거운 인공지능 게임 만들기

작품 23

펀치로 스트레스 풀기

난이도 ★★★☆☆　　**주요기능** 비디오 감지(얼굴 인식, 손 인식)

학습 목표
인공지능 [비디오 감지] 기능을 이용하여 폭탄을 제거하며 스트레스를 푸는 게임을 만들 수 있습니다.
- [좌표]를 이용하여 펀치를 제어할 수 있습니다.
- x좌표는 [비디오 감지-얼굴 인식], y좌표는 [비디오 감지-손 인식]을 이용하여 위치를 제어할 수 있습니다.
- [변수]를 이용하여 스트레스 지수를 관리합니다.

 **만들 작품 미리보기**　　 QR 코드　　링크 주소 : https://youtu.be/yWlqJYqXZXs

작품 계획하기

1 [비디오감지-얼굴 인식]하여 코의 위치를 이용하여 좌우로 움직입니다.

2 [비디오감지-손 인식]하여 손목의 위치로 펀치를 날릴 수 있습니다.

3 [오른쪽 손목]의 y좌표가 0보다 크면 팔을 뻗어 펀치하는 모습으로 변하고, 폭탄에 닿으면 스트레스 지수가 감소합니다.

4 스트레스 지수가 0이 되면 웃으며 행복한 엔트리봇이 나타납니다.

 작품 만들기

작품 완성 파일명 : 23_펀치로 스트레스 풀기.ent

함께 만드는 강의QR 코드

링크 주소 :
https://youtu.be/awbCJmMK5Kc

오브젝트 추가하기

1 [오브젝트 추가하기] 버튼을 클릭하여 [숲속(3)], [[묶음] 펀치 뒷모습], [[묶음] 엔트리봇 이모티콘(2)], [폭탄] 오브젝트를 추가합니다.

변수 추가하기

2 [속성] ➡ [변수] ➡ [변수 추가하기] ➡ [스트레스 지수] 변수를 추가합니다.

🐹 신호 추가하기

3 [속성] ➜ [신호] ➜ [신호 추가하기] ➜ [스트레스 해소됨] 신호를 추가합니다.

🐹 소리 추가하기

4 각 각의 오브젝트를 클릭한 후 [소리] 탭을 선택하여 소리를 추가합니다.

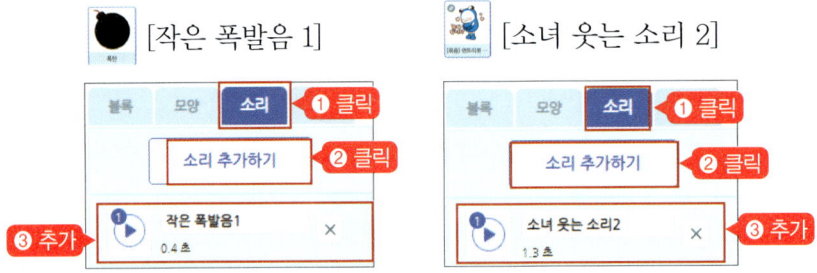

🐹 인공지능 기능 추가하기

5 블록의 탭에서 [인공지능 블록 불러오기]를 클릭하여 [비디오 감지-손 인식, 얼굴 인식]을 불러옵니다.

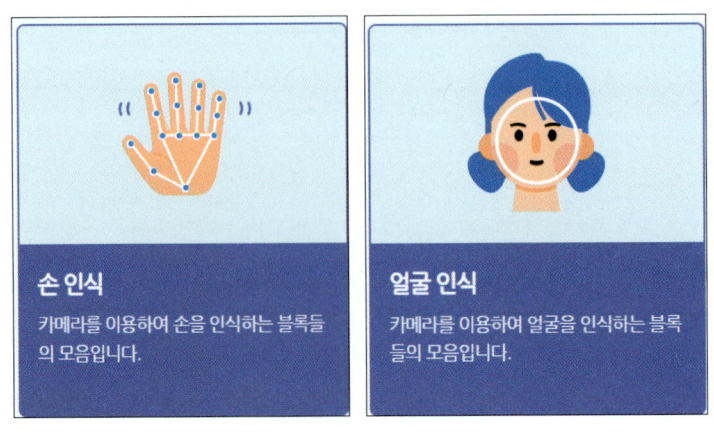

> **TIP** 인공지능 [비디오 감지 - 얼굴 인식]에 대해 알아 봐요!

카메라로 입력되는 이미지(영상)을 통해 사람의 얼굴을 인식하는 블록입니다. 인공지능이 얼굴 각 부위의 위치나 표정 등을 통해 유추한 나이, 성별, 감정 등을 인식하는 것을 경험해 볼 수 있습니다.
얼굴 인식 블록이 인식할 수 있는 부위는 아래와 같습니다.

| 왼쪽 눈 | 오른쪽 눈 | 코 | 왼쪽 입꼬리 | 오른쪽 입꼬리 | 윗 입술 | 아랫 입술 |

> **TIP** 인공지능 [비디오 감지 - 손 인식]에 대해 알아 봐요!

카메라로 입력되는 이미지(영상)을 통해 사람의 손을 인식하는 블록입니다. 인공지능이 손 각 부위의 위치나, 제스처 등을 인식하는 것을 간단히 경험해 볼 수 있습니다.
손 인식 블록이 인식할 수 있는 부위는 아래와 같습니다.

| 엄지: 끝, 첫째 마디 | 검지: 끝, 첫째 마디, 둘째 마디 | 중지: 끝, 첫째 마디, 둘째 마디 | 약지: 끝, 첫째 마디, 둘째 마디 | 소지: 끝, 첫째 마디, 둘째 마디 | 손목 |

코딩 추가하기

6 [[묶음] 펀치 뒷모습] 오브젝트를 코딩합니다.

[시작하기 버튼을 클릭했을 때] [비디오 화면 보이기]-[얼굴 인식, 손 인식]을 시작합니다. [얼굴-코]의 x좌표로 좌우로 움직입니다. [손목]의 y좌표가 0 보다 크면 펀치를 날립니다.

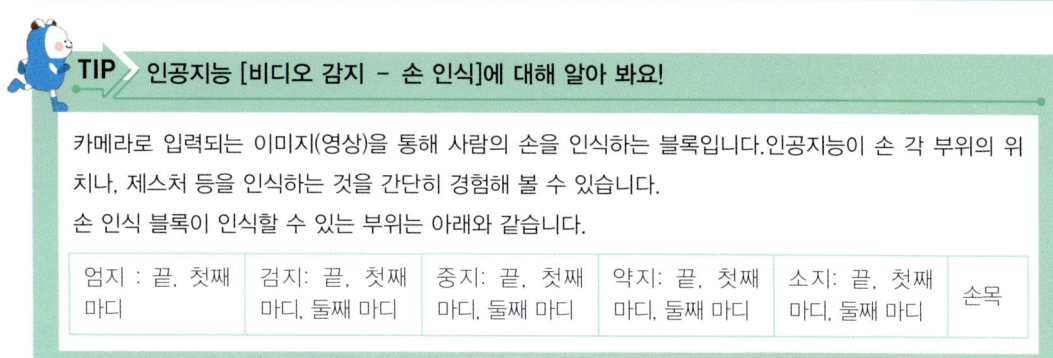

[묶음] 펀치 뒷모습

[시작하기 버튼을 클릭했을 때] [스트레스 지수] 변수의 값을 5로 정합니다. [스트레스 지수]가 0이 되면 [스트레스 해소됨] 신호를 보냅니다.

[스트레스 해소됨 신호를 받았을 때] 모양을 숨기고, 자신의 코드를 멈춥니다.

7 [[묶음] 엔트리봇 이모티콘(2)] 오브젝트를 코딩합니다.

[시작하기 버튼을 클릭했을 때] [모양 숨기기]를 합니다.

[스트레스 해소됨] 신호를 받았을 때 [묶음]펀치 뒷모습 위치로 이동합니다. 스트레스가 해소 되었으므로 [웃음 이모티콘]으로 모양을 바꿔 행복한 엔트봇을 보여줍니다. [소녀 웃는 소리2]를 재생하여 행복하게 웃습니다.

8 [폭탄] 오브젝트를 코딩합니다.

[시작하기 버튼을 클릭했을 때] [-200부터 200 사이의 무작위 수]를 이용하여 폭탄이 랜덤한 위치로 이동하게 합니다.
[펀치 뒷모습]에 닿았는가를 계속 체크합니다.
닿았다면 [폭탄_터진] 모양으로 바꾸고, [작은 폭발음1] 소리를 재생하고, [스트레스 지수]를 −1 감소시킵니다.
닿지 않았다면 [폭탄_안터진] 모양으로 바꿉니다.

 **전체 코드**

작품 완성 파일명 : 23_펀치로 스트레스 풀기.ent

작품 24
식인나무를 뽑아 놀이공원 지키기

난이도 ★★★☆☆　**주요기능** 비디오 감지(손인식), 읽어주기

학습 목표
인공지능 [비디오 감지]-[손 인식], [읽어주기] 기능을 이용하여 식인나무를 뽑아 놀이공원 지키는 게임을 만들 수 있습니다.
- [읽어주기]를 이용하여 스토리를 전달 할 수 있습니다.
- [비디오 감지]-[손 인식]을 시키면 쥔 손, 편 손을 인식할 수 있습니다.
- [변수]를 이용하여 뽑은 식인나무 수를 저장 할 수 있습니다.

만들 작품 미리보기

QR 코드　링크 주소 : https://youtu.be/DboloxvPXck

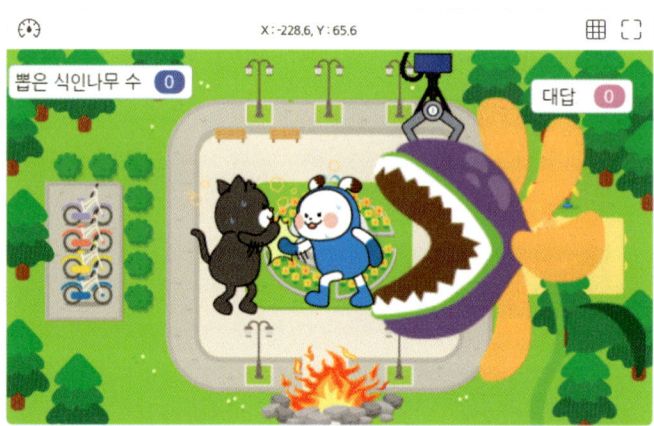

 작품 계획하기

1 [읽어주기] 기능을 이용하여 식인 나무가 어린이들을 잡아먹으려고 하는 것을 알립니다.
2 [묻고 대답기다리기]로 몇 개의 식인 나무를 제거할 건지 묻습니다.
3 놀이공원에 식인 나무를 [대답] 수 만큼 크기, 위치를 무작위로 심습니다.
4 [손 인식]으로 쥔 손, 편 손을 인식하여 집게 기계를 제어합니다.
5 집게 기계가 식인 나무를 뽑아 모닥불에 제거합니다.
6 아이들이 놀이공원으로 다시 돌아옵니다.

 **작품 만들기**   작품 완성 파일명 : 식인나무를 뽑아 놀이공원 지키기.ent

함께 만드는 강의QR 코드   링크 주소 : https://youtu.be/yhrIoWzfvC4

오브젝트 추가하기

1 [오브젝트 추가하기] 버튼을 클릭하여 [공원(7)], [[묶음]인형뽑기 집게], [식인나무], [모닥불], [하이파이브 엔트리봇] 오브젝트를 추가합니다.

변수 추가하기

2 [속성] ➡ [변수] ➡ [변수 추가하기] ➡ [뽑은 식인나무 수] 변수를 추가합니다.

🐾 신호 추가하기

3 [속성] ➜ [신호] ➜ [신호 추가하기] ➜ [게임시작],[게임종료] 신호를 추가합니다.

🐾 소리 추가하기

4 [식인나무] 오브젝트를 클릭한 후 [소리] 탭을 선택하여 소리를 추가합니다.

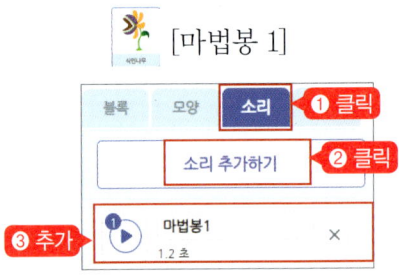

🐾 인공지능 기능 추가하기

5 블록의 탭에서 [인공지능 블록 불러오기]를 클릭하여 [비디오 감지]-[손 인식], [읽어주기]를 불러옵니다.

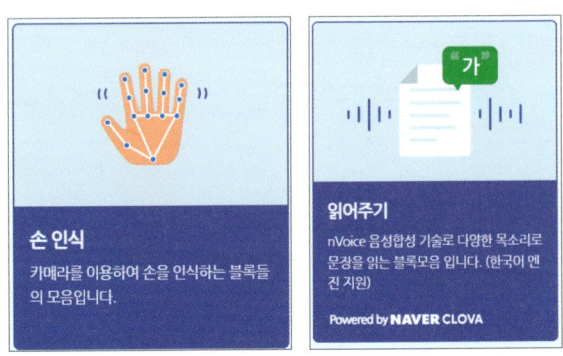

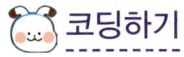

코딩하기

6 [식인나무] 오브젝트를 코딩합니다.

[시작하기 버튼을 클릭했을 때] [읽어주기]블록을 통해 게임 스토리를 말해 줍니다. 마녀 목소리, 울리는 목소리 등 상황에 맞게 목소리를 변화시켜 줍니다.

[묻고 대답 기다리기]를 통해 게임에서 제거할 식인 나무 수를 묻고 대답만큼 식인 나무를 복제하여 심어줍니다.
나무를 심은 후 [게임 시작] 신호보내기를 하고 원본 오브젝트는 숨깁니다.

복제본이 생성 될 때, 크기, 위치를 랜덤하게 정해 줍니다. 식인 나무 복제본들은 [집게]에 닿았고, 손의 모양이 [쥔 손]이라면 식인 나무가 뽑힌것이므로 [집게 위치로 이동하기] 하여 집게가 뽑아 움직이는 것으로 표현합니다.
식인 나무가 [모닥불에 닿았다면] 식인 나무가 제거된거이므로 [뽑은 식인나무 수]를 1만큼 증가시킵니다. [뽑은 식인나무 수]와 내가 심은 나무 수가 같다면 식인 나무가 모두 제거 됐으므로 [게임종료 신호 보내기]하고 복제본을 삭제 합니다.

7 [[묶음] 인형뽑기 집게]오브젝트를 코딩합니다.

[게임시작 신호를 받았을 때] [손 인식 시작하기]를 합니다.
[집게]는 [손의 엄지 끝] 위치로 이동하여 계속 움직입니다.
[손의 모양이 편 손] 이면 열려있는 [집게] 모양으로 바꾸고,
[손의 모양이 쥔 손] 이면 잡는 [집게] 모양으로 바꿉니다.

식인 나무가 다 뽑혀 [게임 종료 신호을 받았을 때] 모양을 숨깁니다.

8 [하이파이브 엔트리봇]오브젝트를 코딩합니다.

[게임시작 신호를 받았을 때] 모양을 숨깁니다.

[게임종료 신호를 받았을 때] 모양 보이기 합니다.
앙증맞은 목소리로 감사인사를 하며 [모든 코드 멈추기] 합니다.

전체 코드

작품 완성 파일명 : 24_식인나무를 뽑아 놀이공원 지키기.entt

4장_즐거운 인공지능 게임 만들기

작품 25

축구 헤딩 연습

| 난이도 ★★★☆☆ | 주요기능 ▶ 비디오 감지(사람 인식) |

학습 목표

인공지능 [비디오 감지] 기능을 이용하여 신나게 몸을 움직여 축구 헤딩 연습 게임을 만들 수 있습니다.
- [비디오 감지]를 이용하여 [사람 인식]을 시키면 [인식된 부위의 x,y값]을 알 수 있습니다.
- [변수]를 이용하여 헤딩 성공한 횟수를 저장합니다.
- [초시계]를 이용할 수 있습니다.

 **만들 작품 미리보기**

 QR 코드   링크 주소 : https://youtu.be/kodj6LAGi8U

 **작품 계획하기**

1 [비디오 감지] 기능을 이용하여 [사람 인식]을 합니다.

2 이미와 가까운 [왼쪽 눈]의 위치로 [축구선수]를 이동합니다.

3 헤딩 횟수는 저장하고 10초가 지나거나 공이 땅에 떨어지면 게임을 종료합니다.

 **작품 만들기**   작품 완성 파일명 : 25_축구 헤딩 연습.ent

함께 만드는 강의QR 코드

링크 주소 :
https://youtu.be/3kqlqYQ34f8

오브젝트 추가하기

❶ [오브젝트 추가하기] 버튼을 클릭하여 [들판(3)], [축구선수], [축구공], [골대(1)] 오브젝트를 추가합니다.

들판(3)   축구선수   축구공   골대(1)

변수 추가하기

❷ [속성] ➡ [변수] ➡ [변수 추가하기] ➡ [헤딩 성공] 변수를 추가합니다.

🐭 소리 추가하기

3 [⚽ 축구공] 오브젝트를 클릭 한 후 [소리]탭을 선택하여 [기합, 소년 우는 소리1] 소리를 추가합니다.

🐭 인공지능 기능 추가하기

4 블록의 탭에서 [인공지능 블록 불러오기]를 클릭하여 [비디오 감지-사람인식]을를 불러옵니다.

🐭 코딩하기

5 [축구선수] 오브젝트를 코딩합니다.

[시작하기 버튼을 클릭했을 때] [카메라가 연결될 때까지 기다리기]합니다. [비디오 감지]를 이용하기 위해 [비디오 화면 보이기]-[사람 인식 시작하기]-[인식된 사람 보이기]를 합니다.
계속 반복하며 [왼쪽 눈]의 위치로 [축구선수]를 이동합니다.

6 [축구공] 오브젝트를 코딩합니다.

[시작하기 버튼을 클릭했을 때] 공의 시작 위치, 이동방향을 정해 줍니다.
초시계를 시작하고 이동방향으로 3만큼 움직이고 [화면 끝에 닿으면 튕기기]합니다. 10초가 되면 초시계를 정지하고 "헤딩 성공 횟수와 TIME OVER"를 말하기 합니다.

축구공

[시작하기 버튼을 클릭했을 때] [축구선수에 닿았다면] 헤딩 성공이므로 [헤딩 성공] 점수에 1점을 증가시키고, [기합] 소리를 냅니다. 헤딩할 때 공이 튕겨나갈 방향을 회전해서 이동합니다.
[아래쪽 벽에 닿았다면] 초시계를 정지하고, [소년 우는 소리1] 소리를 냅니다. "헤딩 성공 횟수와 땅에 떨어져 게임 종료!"를 말하기 하며 모든 코드를 멈춥니다. 축구공이 위쪽 벽면으로 사라지지 않도록 [축구공의 y좌표값]이 135보다 크다면 특정 위치로 이동합니다.

4장_즐거운 인공지능 게임 만들기

 **전체 코드**

작품 완성 파일명 : 25_축구 헤딩 연습.ent

축구선수

- 시작하기 버튼을 클릭했을 때
- 카메라가 연결되었는가? 이(가) 될 때까지 기다리기
- 비디오 화면 보이기
- 사람 인식 시작하기
- 인식한 사람 보이기
- 계속 반복하기
  - 1번째의 사람의 왼쪽 눈 (으)로 이동하기

축구공

- 시작하기 버튼을 클릭했을 때
- x: 0 y: 100 위치로 이동하기
- 이동 방향을 180° (으)로 정하기
- 초시계 시작하기
- 계속 반복하기
  - 화면 끝에 닿으면 튕기기
  - 이동 방향으로 3 만큼 움직이기
  - 만일 초시계 값 ≥ 10 (이)라면
    - 초시계 정지하기
    - 헤딩성공 과(와) 헤딩 성공 값 과(와) 번! TIME OVER 를 합치기 를 합치기 을(를) 말하기
    - 모든 코드 멈추기

- 시작하기 버튼을 클릭했을 때
- 계속 반복하기
  - 만일 축구선수 에 닿았는가? (이)라면
    - 헤딩 성공 에 1 만큼 더하기
    - 소리 기합 재생하기
    - 이동 방향을 100 부터 200 사이의 무작위 수 만큼 회전하기
    - y: 1번째 사람의 왼쪽 눈 의 y 좌표 부터 135 사이의 무작위 수 위치로 이동하기
  - 만일 아래쪽 벽 에 닿았는가? (이)라면
    - 초시계 정지하기
    - 소리 소년 우는 소리1 재생하기
    - 헤딩성공은 과(와) 헤딩 성공 값 과(와) 번! 땅에 떨어짐 게임 종료!! 을(를) 합친 값 을(를) 합친 값 을(를) 말하기
    - 모든 코드 멈추기
  - 만일 축구공 의 y좌푯값 ≥ 140 (이)라면
    - y: 120 위치로 이동하기
    - 이동 방향을 180° (으)로 정하기

작품 26
2인용 어깨 권투게임

난이도 ★★★☆☆　　**주요기능** 비디오 감지(사람 인식), 점수

학습 목표	인공지능 [비디오 감지 – 사람 인식] 기능을 이용하여 친구와 어깨춤을 추며 풍선을 터트리는 권투 게임을 만들 수 있습니다. • [좌표]를 이용하여 펀치를 제어할 수 있습니다. • [비디오 감지]를 이용하여 [사람 인식]을 시키면 어깨의 위치를 알 수 있습니다. • [함수]를 이용하여 반복되는 코드를 간결하게 표현할 수 있습니다. • [변수]를 이용하여 펀치 횟수를 저장할 수 있습니다

 **만들 작품 미리보기**　　 QR 코드　링크 주소 : https://youtu.be/5qzrIAAc00k

🐾 작품 계획하기

1 권투선수 2명이 각자 풍선을 펀치한 횟수를 저장합니다.

2 빨간선 위(y좌표가 0보다 클 때)로 사람의 어깨가 감지되면 팔을 뻗어 펀치하는 모습으로 변하고, 풍선에 닿으면 펀치한 횟수가 증가합니다. (단, 어깨를 올린 체 그대로 있으면 반칙입니다. 올렸다 내렸다를 반복하세요~^^)

3 풍선 펀치를 10번 먼저 한 사람이 이기는 게임입니다.

 **작품 만들기**   작품 완성 파일명 : 26_ 2인용 어깨권투놀이.ent

함께 만드는 강의QR 코드

링크 주소 : https://youtu.be/E0mV0UyFLBo

오브젝트 추가하기

1 [오브젝트 추가하기] 버튼을 클릭하여 [모눈종이], [풍선], [권투선수], [권투선수] 오브젝트를 추가합니다.

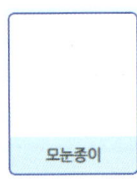   

오브젝트 추가하기

2 오브젝트의 이름을 수정합니다. 권투선수의 이름을 "왼쪽 권투선수",

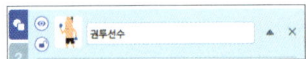 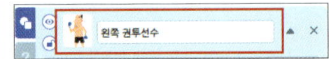

권투선수의 이름을 "오른쪽 권투선수"로 이름을 수정합니다.

변수 추가하기

3 속성] → [변수] → [변수 추가하기] → [오른쪽 펀치 횟수], [왼쪽 펀치 횟수] 변수를 추가합니다.

🐭 소리 추가하기

4 각각의 오브젝트를 클릭한 후 [소리] 탭을 선택하여 소리를 추가합니다.

🐭 함수 추가하기

5 [속성] ➡ [함수] ➡ [함수 추가하기] ➡ [게임결과] 함수를 추가합니다.

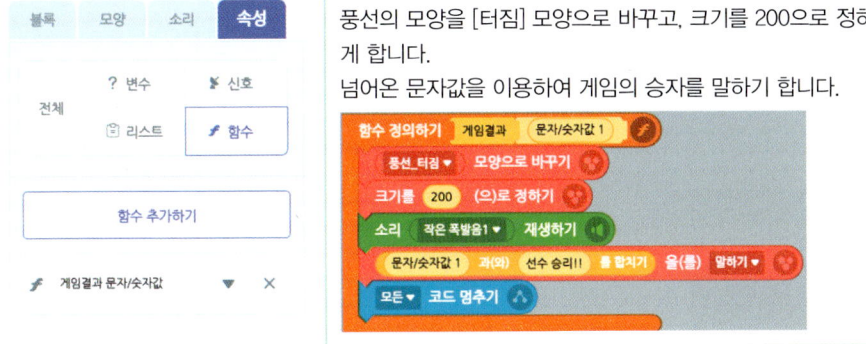

[게임결과] 함수를 추가합니다.
풍선의 모양을 [터짐] 모양으로 바꾸고, 크기를 200으로 정하여 크게 터지게 합니다.
넘어온 문자값을 이용하여 게임의 승자를 말하기 합니다.

🐭 인공지능 기능 추가하기

6 블록의 탭에서 [인공지능 블록 불러오기]를 클릭하여 [비디오 감지 – 사람 인식]을를 불러옵니다.

TIP 인공지능 [비디오 감지] – "사람" 모델에 대해 알아봐요

엔트리 인공지능 [비디오 감지-사람 인식]에서 인식 가능한 신체 부위는 아래와 같습니다.

코	왼쪽 눈 안쪽	왼쪽 눈	왼쪽 눈 바깥쪽	오른쪽 눈 안쪽
오른쪽 눈	오른쪽 눈 바깥쪽	왼쪽 귀	오른쪽 귀	왼쪽 입꼬리
오른쪽 입꼬리	왼쪽 어깨	오른쪽 어깨	왼쪽 팔꿈치	오른쪽 팔꿈치
왼쪽 손목	오른쪽 손목	왼쪽 소지	오른쪽 소지	왼쪽 검지
오른쪽 검지	왼쪽 엄지	왼쪽 엉덩이	오른쪽 엉덩이	왼쪽 무릎
오른쪽 무릎	왼쪽 발목	오른쪽 발목	왼쪽 발꿈치	오른쪽 발꿈치
왼쪽 발끝	오른쪽 발끝			

게임에서는 왼쪽 어깨, 오른쪽 어깨 부위를 인식시켜 사용합니다

 코딩하기

7 [풍선] 오브젝트를 코딩합니다.

[시작하기 버튼을 클릭했을 때] 4초 동안 게임 설명을 말하기 합니다. " 왼쪽 선수는 왼쪽 사람의 왼쪽 어깨, 오른쪽 선수는 오른쪽 사람의 오른쪽 어깨가 빨간선 위(y)0)위로 감지 될 때 펀치 주먹이 나갑니다."

풍선

[시작하기 버튼을 클릭했을 때] 풍선의 위치를 정중앙으로 이동합니다. 펀치 횟수가 10일 때 게임을 종료하므로 펀치 횟수 값을 계속 반복하여 체크합니다. [왼쪽 펀치 횟수] 값이 10이면 게임 결과는 왼쪽 선수의 승리이므로 [게임결과] 함수에 "왼쪽"이란 문자값을 보냅니다.
[오른쪽 펀치 횟수] 값이 10이면 게임 결과는 오른쪽 선수의 승리이므로 [게임결과] 함수에 "오른쪽"이란 문자값을 보냅니다.

8 [오른쪽 권투선수] 오브젝트를 코딩합니다.

시작하기 버튼을 클릭했을 때] 오른쪽 권투선수의 위치와 크기를 정해줍니다.

계속 반복하여 오른쪽 사람의 오른쪽 어깨 위치를 체크합니다.
빨간선보다 어깨의 위치가 위에 올라가면 [권투선수_2] 펀치하는 모양으로 모양을 바꿔주고 [풍선에 닿았는가]를 체크합니다. 닿았다면 [오른쪽 펀치 횟수] 변수값을 1 증가시키고 [만화 같은 충돌1] 소리를 재생합니다.
닿지 않았다면 [권투선수_1] 펀치 전의 모양으로 바꾸기 합니다.

오른쪽 권투 선수는 계속 왔다갔다 반복하며 펀치 준비를 합니다.

9 [왼쪽 권투선수] 오브젝트를 코딩합니다.

[시작하기 버튼을 클릭했을 때] 왼쪽 권투선수의 좌우 모양 뒤집기를 하여 풍선쪽을 바라보게 합니다. 위치와 크기를 정해줍니다.

계속 반복하여 왼쪽 사람의 왼쪽 어깨 위치를 체크합니다.
빨간선보다 어깨의 위치가 위에 올라가면 [권투선수_(2)-2] 펀치하는 모양으로 바꿔주고 [풍선에 닿았는가]를 체크합니다. 닿았다면 [왼쪽 펀치 횟수] 변수값을 1 증가 시키고 [또이] 소리를 재생합니다. 닿지 않았다면 [권투선수_(2)_1] 펀치 전의 모양으로 바꾸기 합니다.

왼쪽 권투 선수는 계속 왔다갔다 반복하며 펀치 준비를 합니다.

전체 코드

작품 완성 파일명 : 26_ 2인용 어깨권투놀이.ent

4장_즐거운 인공지능 게임 만들기 215

작품 27

소리로 하는 점프게임

난이도 ★★★☆☆　　**주요기능** 비디오 감지, 복제

학습 목표	소리로 하는 점프게임을 만들어 봅시다. • [오디오 감지]의 마이크 소리 입력값을 활용 할 수 있습니다. • [복제]를 이용해서 선인장 장애물을 만들 수 있습니다. • [좌표]를 이해하고, 마이크 소리를 이용하여 점프 효과를 만들 수 있습니다.

 **만들 작품 미리보기**　　QR 코드 　링크 주소 :
https://youtu.be/LZktuxDK2Lk

 **작품 계획하기**

1 [프로그램 창][프로그램 창1]을 배경으로 사용하여 좌표를 이동시켜 화면 이동하는 효과를 만듭니다.

2 [엔트리봇] 오브젝트는 마이크 소리를 입력 받아 기준값보다 큰 경우 점프하도록 합니다.

3 [선인장]는 모양을 추가하여 다양한 모양의 장애물로 나타나도록 합니다.

4 [엔트리봇]이 [선인장]에 닿은 경우 게임이 종료됩니다.

 **작품 만들기**   작품 완성 파일명 : 27_소리로하는점프게임.ent

함께 만드는 강의QR 코드   링크 주소 : https://youtu.be/zF3rnutnufY

오브젝트 추가하기

1 [오브젝트 추가하기] 버튼을 클릭하여 [프로그램창], [선인장(1)] 오브젝트를 추가합니다. 기본적으로 있는 엔트리봇 오브젝트를 사용합니다.

2 [오브젝트 추가하기] 버튼을 클릭하여 [글상자] 오브젝트를 2개 추가합니다.

글상자 이름: 시간, 폰트:둥근모꼴체, 배경색: 없음 으로 입력합니다.

글상자 이름: GAME OVER, 폰트:둥근모꼴체, 배경색: 없음 으로 입력합니다.

3 [프로그램 창] 오브젝트에서 오른쪽 마우스 클릭 => 복제하기를 선택해서 [프로그램 창1] 오브젝트를 추가합니다.

 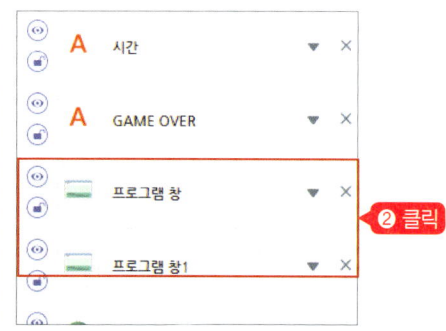

4 [선인장(1)] 오브젝트의 모양 탭을 클릭하여 [모양 추가하기] 클릭합니다.

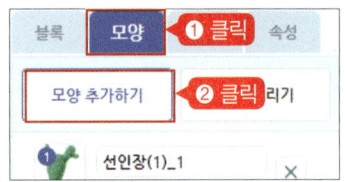

모양 추가하기 화면에서 [선인장(2)_1], [선인장(3)_3], [선인장(4)_1] 모양을 추가합니다. 총 4개 모양을 갖게 되었습니다.

오브젝트 수정하기

5 화면에 맞춰 오브젝트의 크기를 조절합니다.

[프로그램 창][프로그램 창1] 오브젝트는 가로 넓이를 최대로 하고 위치 Y값을 -50로 입력합니다.

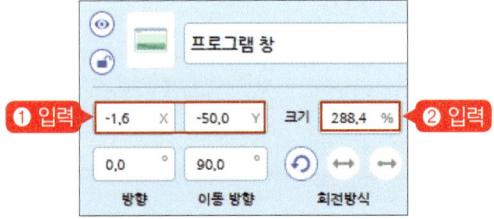

변수 추가하기

6 [속성] ➡ [변수] ➡ [변수 추가하기] ➡ [시간], [중력], [선인장] 변수를 추가합니다.

◉ 클릭하여 화면에서 보이지 않는 ◉ 상태로 만듭니다.

신호 추가하기

7 [속성] ➡ [신호] ➡ [신호 추가하기] ➡ [게임종료] 신호를 추가합니다.

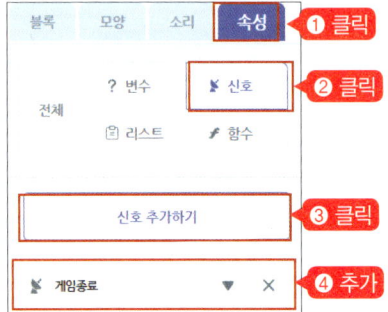

인공지능 기능 추가하기

8 블록의 탭에서 [인공지능 블록 불러오기]를 클릭하여 [오디오 감지], [읽어주기]를 불러옵니다.

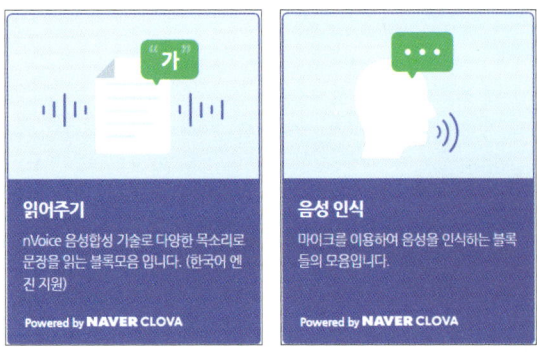

 **코딩하기**

9 [엔트리봇] 오브젝트를 코딩합니다.

[시작하기 버튼을 클릭했을 때] 마이크가 연결되었는지 체크합니다.
[시간] 변수를 0으로 초기화 합니다.
초시계를 숨기고, 초시계를 시작합니다.
읽어주기의 목소리를 초기화하고, 엔트리봇의 크기를 40으로 초기화합니다.
반복해서 [중력] 변수값만큼 이동합니다.

중력값을 다음 조건에 맞게 조절 시켜줍니다.
1. 엔트리봇이 [프로그램창] 위에서 걷고 화면 밑으로 떨어지지 않기 위해 [자신의 Y좌표값]이 2보다 이상인 경우를 판단하는 조건문을 입력합니다.
2. 마이크 소리가 20보다 큰 경우 현재 중력값에 10을 더해서 점프효과를 만들어줍니다.
소음이 없는 경우는 계속 떨어질 수 있도록 -0.5만큼 변경해줍니다.

[선인장(1)]에 닿은 경우 게임을 종료합니다.

[시작하기 버튼을 클릭했을 때] 초시계값을 정수로 표시하기 위해 10을 곱하고 나머지 소수점값은 버립니다. 걷는 효과를 만들어 주기 위해 다음 모양으로 주기적으로 변경합니다.

10 [선인장(1)] 오브젝트를 코딩합니다.

[시작하기 버튼을 클릭했을 때] 크기를 30으로 정하고, 원본은 숨깁니다.
무작위수 초로 자신의 복제본을 만들어 줍니다.

[복제본이 처음 생성되었을 때] 선인장의 모양을 무작위수로 변경해 줍니다. 화면 왼쪽으로 이동시키기 위해서 X좌표값을 -3으로 변경해주고, 자신의 X좌푯값이 -300보다 작은 경우 즉, 화면 밖으로 나간 경우 복제본을 삭제해 줍니다.

11 [GAME OVER] 글상자 오브젝트를 코딩합니다.

[시작하기 버튼을 클릭했을 때] 모양을 숨깁니다.

[게임종료 신호를 받았을 때] 모양을 보입니다.

12 [시간] 글상자 오브젝트를 코딩합니다.

[시작하기 버튼을 클릭했을 때] 시간 변수값을 글상자에 계속해서 표시해 줍니다.

 **전체 코드**

작품 완성 파일명 : 27_소리로하는점프게임.ent

```
▶ 시작하기 버튼을 클릭했을 때
    마이크가 연결되었는가? 이(가) 될 때까지 기다리기
    시간▼ 를 0 (으)로 정하기
    초시계 숨기기▼
    초시계 시작하기▼
    앙증맞은▼ 목소리를 빠른▼ 속도 높은▼ 음높이로 설정하기
    크기를 40 (으)로 정하기
    계속 반복하기
        y 좌표를 중력▼ 값 만큼 바꾸기
        만일 2 ≥ 자신▼ 의 y 좌푯값▼ (이)라면
            중력▼ 를 0 (으)로 정하기
            만일 마이크 소리크기 > 20 (이)라면
                오잉 읽어주기
                중력▼ 에 10 만큼 더하기
        아니면
            중력▼ 에 -0.5 만큼 더하기
        만일 선인장(2)▼ 에 닿았는가? (이)라면
            게임종료▼ 신호 보내기
            아이쿠 읽어주기
            모든▼ 코드 멈추기

▶ 시작하기 버튼을 클릭했을 때
    계속 반복하기
        시간▼ 를 초시계 값 x 10 의 소수점 버림값 (으)로 정하기
        다음▼ 모양으로 바꾸기
        0.1 초 기다리기
```

선인장(1)	복제본이 처음 생성되었을때 선인장▼ 를 1 부터 4 사이의 무작위 수 (으)로 정하기 선인장▼ 값 모양으로 바꾸기 모양 보이기 계속 반복하기 　만일 -300 ≥ 자신▼ 의 x 좌푯값▼ (이)라면 　　이 복제본 삭제하기 　x 좌표를 -3 만큼 바꾸기 시작하기 버튼을 클릭했을 때 크기를 30 (으)로 정하기 모양 숨기기 계속 반복하기 　0.8 부터 1.5 사이의 무작위 수 초 기다리기 　자신▼ 의 복제본 만들기
A　GAME OVER	게임종료▼ 신호를 받았을 때　　시작하기 버튼을 클릭했을 때 모양 보이기　　　　　　　　　모양 숨기기
A　시간	시작하기 버튼을 클릭했을 때 계속 반복하기 　시간▼ 값 라고 글쓰기

작품 28
운동하며 좀비 피하기 게임

난이도 ★★★★☆ **주요기능** 비디오 감지[사람 인식], 점수

학습 목표
인공지능 [비디오 감지] 기능을 이용하여 신나게 운동하며 좀비를 피하는 게임을 만들 수 있습니다.
- [좌표]를 이용하여 위아래를 제어할 수 있습니다.
- [비디오 감지]를 이용하여 [사람 인식]을 시키면 [감지한 움직임 값]을 알 수 있습니다.
- [변수]를 이용하여 움직임 값을 관리합니다.

 **만들 작품 미리보기**   QR 코드 링크 주소 :
https://youtu.be/5bMRzLA-ktI

작품 계획하기

1 [사람 인식 – 코]의 y좌표를 이용하여 위아래로 움직임을 제어합니다.

2 [실행화면에서 감지한 움직임 값]의 크기를 비교하여 움직임 값을 관리합니다. [실행화면에서 감지한 움직임 값]이 500보다 크면 이동방향으로 10만큼 이동하고, 그렇지 않으면 이동방향의 반대 방향으로 5만큼 이동합니다.

3 좀비에 닿으면 좀비로 변하고, 몇 초 만에 좀비가 됐는지 말하며 게임이 종료됩니다.

 **작품 만들기** 작품 완성 파일명 : 28_운동하며 좀비 피하기 게임.ent

함께 만드는 강의QR 코드

링크 주소 :
https://youtu.be/gLj3C9DSqb4

오브젝트 추가하기

1 [오브젝트 추가하기] 버튼을 클릭하여 [노을 무덤], [[묶음]얼굴 스티커], [좀비(3)], [좀비(4)] 오브젝트를 추가합니다.

변수 추가하기

2 [속성] ➡ [변수] ➡ [변수 추가하기] ➡ [움직임값] 변수를 추가합니다.

3 각각의 오브젝트를 클릭한 후 [소리] 탭을 선택하여 소리를 추가합니다.

 [고요한 바람소리, 호루라기]　　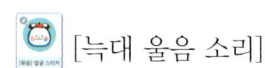 [늑대 울음 소리]

 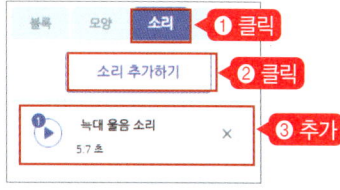

인공지능 기능 추가하기

4 블록의 탭에서 [인공지능 블록 불러오기]를 클릭하여 [비디오 감지 - 사람 인식]을 불러옵니다.

코딩하기

5 [노을 무덤] 오브젝트를 코딩합니다.

[시작하기 버튼을 클릭했을 때] [카메라가 연결될 때까지 기다리기]합니다.
[비디오 화면 보이기]-[사람 인식 시작하기]를 합니다.
배경화면에 사람 얼굴이 보이도록 [투명도 효과를 30]으로 정합니다. 게임 설명을 말한 후 [호루라기] 소리가 나면 게임을 시작합니다. 배경음으로 [고요한 바람소리]로를 재생합니다.

6 [묶음] 얼굴 스티커] 오브젝트를 코딩합니다.

[시작하기 버튼을 클릭했을 때] [씨익 얼굴 스티커]로 모양을 바꿔줍니다. 계속 반복하여 [좀비(3)] 또는 [좀비(4)]에 닿았는지를 체크합니다. 닿았다면 [마스크 쓴 얼굴 스티커]로 모양을 바꿔 좀비로 변한 모습을 표현하고, 몇 초 버티다 좀비가 되었는지 말하며 게임이 종료됩니다.

[시작하기 버튼을 클릭했을 때] 게임 설명을 하는 7초 동안 기다리기 합니다. [코의 y좌표]로 위아래 위치를 변경하고 [실행화면에서 감지된 움직임 값]이 500보다 크다면 [움직임값] 변수에 10을 저장하고 아니면 -5를 저장합니다. 즉 많이 움직이면 이동방향으로 이동하고, 움직임 값이 작으면 이동방향의 반대 방향으로 이동합니다. [오른쪽 벽에 닿았다면] 실행화면 밖으로 빠져나가는 것을 막기 위해 [움직임값] 변수 값을 -5로 정합니다.

7 [묶음] 얼굴 스티커] 오브젝트를 코딩합니다.

시작하기 버튼을 클릭했을 때] 게임 설명을 하는 7초 동안 기다리기 합니다.
엔트리를 좀비로 만들기 위해 [[묶음] 얼굴 스티커쪽 바라보기]하여 이동 방향을 정하고, 이동방향으로 0.2만큼 계속 움직입니다.

좀비(3)

8 [좀비(4)] 오브젝트를 코딩합니다.

[시작하기 버튼을 클릭했을 때] 게임 설명을 하는 7초 동안 기다리기 합니다.
엔트리를 좀비로 만들기 위해 [[묶음] 얼굴 스티커쪽 바라보기]하여 이동 방향을 정하고, 이동방향으로 0.3만큼 계속 움직입니다.

좀비(4)

전체 코드

작품 완성 파일명 : 28_운동하며 좀비 피하기 게임.ent

노을 무덤

228 만들면서 배우는 40개의 엔트리 게임 + 인공지능 게임

[묶음] 얼굴 스티커

시작하기 버튼을 클릭했을 때
7 초 기다리기
움직임값 ▼ 를 -5 (으)로 정하기
계속 반복하기
　y: 1 ▼ 번째 사람의 코 ▼ 의 y ▼ 좌표 위치로 이동하기
　만일 〈 실행 화면 ▼ 에서 감지한 움직임 ▼ 값 ≥ 500 〉 (이)라면
　　움직임값 ▼ 를 10 (으)로 정하기
　아니면
　　움직임값 ▼ 를 -5 (으)로 정하기
　만일 〈 오른쪽 벽 ▼ 에 닿았는가? 〉 (이)라면
　　움직임값 ▼ 를 -5 (으)로 정하기
　이동 방향으로 움직임값 ▼ 값 만큼 움직이기
　0.2 초 기다리기

시작하기 버튼을 클릭했을 때
씨익 얼굴 스티커 ▼ 모양으로 바꾸기
계속 반복하기
　만일 〈 좀비(3) ▼ 에 닿았는가? 또는 ▼ 좀비(4) ▼ 에 닿았는가? 〉 (이)라면
　　마스크쓴 얼굴 스티커 ▼ 모양으로 바꾸기
　　소리 늑대 울음 소리 ▼ 재생하기
　　초시계 정지하기 ▼
　　초시계 값 과(와) 초 버티다 좀비가 되었다! 슬프다! 를 합치기 을(를) 말하기 ▼
　　모든 ▼ 코드 멈추기

좀비(3)

시작하기 버튼을 클릭했을 때
7 초 기다리기
계속 반복하기
　[묶음] 얼굴 스티커 ▼ 쪽 바라보기
　이동 방향으로 0.2 만큼 움직이기

좀비(4)

시작하기 버튼을 클릭했을 때
7 초 기다리기
계속 반복하기
　[묶음] 얼굴 스티커 ▼ 쪽 바라보기
　이동 방향으로 0.3 만큼 움직이기

작품 29
무궁화 꽃이 피었습니다

난이도 ★★★☆☆   **주요기능** 비디오 감지(움직임), 읽어주기

학습 목표
비디오감지 기능을 이용하여 움직임이 있는지 감지할 수 있습니다. 무궁화 꽃이 피었습니다 게임을 엔트리로 만들어 봅시다.
- [비디오 감지] 사람 인식 기능을 활용하여 움직임값을 활용할 수 있습니다.
- [읽어주기]를 이용하여 게임방법과 결과를 읽어줄수 있습니다.

 **만들 작품 미리보기**   QR 코드   링크 주소 : https://youtu.be/1UyywWZ1llM

 작품 계획하기

1 [미니녀] 오브젝트는 술래가 되어 다양한 속도로 "무궁화 꽃이 피었습니다"를 읽어줍니다. [[묶음]걷기 뒷모습] 오브젝트의 움직임을 체크하여 게임을 종료 시킬 수 있습니다.

2 [[묶음]걷기 뒷모습] 오브젝트는 자신에서의 움직임 값을 체크하여 [미니녀]를 향해 이동합니다.

 **작품 만들기**   작품 완성 파일명 : 29_무궁화꽃이피었습니다게임.ent

함께 만드는 강의QR 코드

링크 주소 : https://youtu.be/GaN6Wm-upFE

오브젝트 추가하기

1 [오브젝트 추가하기] 버튼을 클릭하여 [길거리(2)], [[묶음]걷기 뒷모습], [미니녀] 오브젝트를 추가합니다.

변수 추가하기

2 [속성] ➡ [변수] ➡ [변수 추가하기] ➡ [검사여부], [움직임여부] 변수를 추가합니다.

🐾 신호 추가하기

3 [속성] ➡ [신호] ➡ [신호 추가하기] ➡ [게임종료] 신호를 추가합니다.

🐾 인공지능 기능 추가하기

3 블록의 [인공지능] 탭에서 [인공지능 블록 불러오기]를 클릭하여 [비디오 감지-사람인식], [읽어주기]를 불러옵니다.

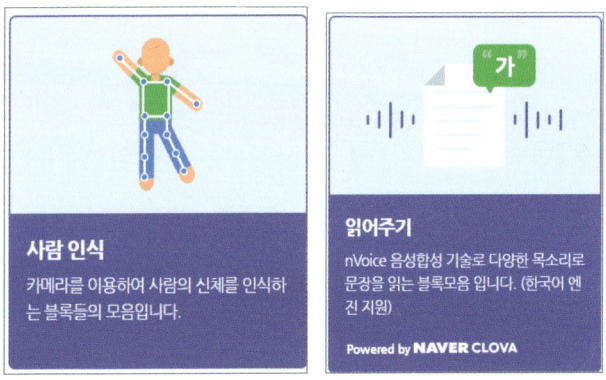

🐾 코딩하기

5 [미니녀] 오브젝트를 코딩합니다.

[시작하기 버튼을 클릭했을 때] 게임 시간을 읽어주고, 초시계 시작, 미니녀 오브젝트의 기본 모양을 뒷모습으로 초기화 합니다.
읽어주기의 속도를 조절해 주기 위해 무작위 수를 이용해서 '무궁화꽃이 피었습니다'를 읽어줍니다.
옆모습으로 모양을 바꾸고, 무작위 초만큼 기다렸다가 다시 뒷모습으로 모양을 바꿔줍니다.
검사여부 변수를 변경해서 앞모습일 동안에 움직임이 있는지 체크합니다. [검사여부] 변수값이 1인 경우 움직이면 게임이 종료됩니다.

미니녀

[시작하기 버튼을 클릭했을 때] 반복해서 게임이 종료되는 조건과 게임이 성공하는 조건을 체크합니다.
[미니녀]가 앞모습일 때, 움직임값이 있거나 또는 초시계값이 20초를 넘는 경우 게임을 종료합니다.
경기 시간 20초 안에 [미니녀]와 [[묶음] 걷기뒷모습] 오브젝트가 닿은 경우 게임성공 결과를 보여줍니다.

❻ [[묶음]걷기 뒷모습] 오브젝트를 코딩합니다.

[묶음] 걷기 뒷모습

[시작하기 버튼을 클릭했을 때] 비디오 화면을 보이도록 합니다. 이동 방향을 미니녀쪽으로 정하기 위해 [미니녀쪽 바라보기]를 추가합니다.
움직임 여부 변수를 0으로 초기화 합니다.
반복해서 자신에서 감지한 움직임값을 체크해서 30 이상인 경우 움직임여부값을 1로 정하고, 이동 방향으로 이동시킵니다.
움직임여부값을 다시 초기화 시킵니다.

[시게임종료 신호를 받았을 때] 크기를 작게 만들다가 모양을 숨깁니다.

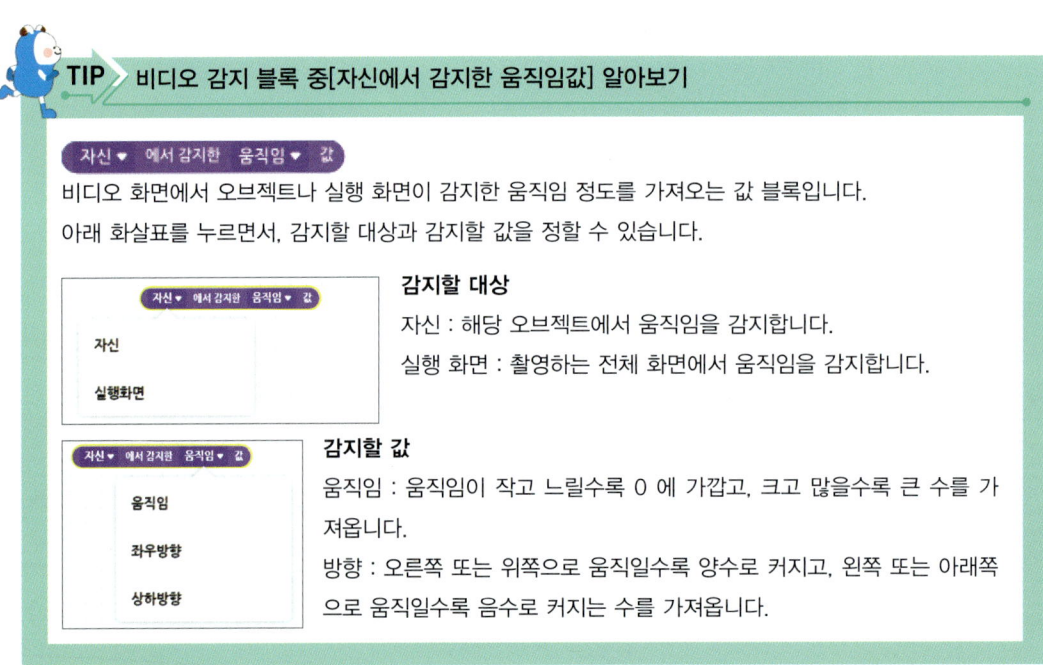

234 만들면서 배우는 40개의 엔트리 게임 + 인공지능 게임

전체 코드

작품 완성 파일명 : 29_무궁화꽃이피었습니다게임.ent

작품 30
OX퀴즈로 나무 키우기

난이도 ★★★☆☆ **주요기능** 읽어주기, 리스트

| 학습 목표 | 더 나은 세상을 위한 OX퀴즈를 풀며 나무를 키우는 게임을 만들어 봅니다.
• [읽어주기]기능을 활용할 수 있습니다.
• [리스트]를 사용해서 퀴즈와 정답을 관리할수 있습니다. |

 **만들 작품 미리보기**   QR 코드 링크 주소 : https://youtu.be/1_vfS3DExzk

 작품 계획하기

1 더 나은 세상을 위한 퀴즈와 정답을 [문제리스트][정답리스트]로 만듭니다.
2 [퀴즈시작] 신호를 이용하여 무작위로 퀴즈를 만들어 줍니다.
3 [원],[곱하기]오브젝트를 클릭했을 때 O,X 결과를 체크해서 퀴즈에 대한 정답 여부을 읽어줍니다.
4 퀴즈를 맞춘 경우 [커져라] 신호를 보냅니다. 퀴즈를 틀린 경우 [작아져라]신호를 보냅니다.
5 [[묶음]나무키우기] 오브젝트는 [커져라][작아져라]신호를 받으면 모양을 변경하며 커가는 효과를 표시해 줍니다.

 ## 작품 만들기   작품 완성 파일명 : 30_OX퀴즈로나무키우기.ent

함께 만드는 강의QR 코드

링크 주소 : https://youtu.be/H0N3LRKK2gg

🐰 오브젝트 추가하기

1 [오브젝트 추가하기] 버튼을 클릭하여 [[묶음]나무키우기],[원],[곱하기],[상자],[들판(4)] 오브젝트를 추가합니다.

 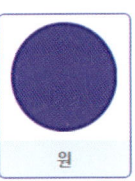   

2 [오브젝트 추가하기] 버튼을 클릭하여 [글상자] 오브젝트를 추가합니다.

글상자 이름: 문제, 폰트:D2 Coding, 배경색: 없음 , 여러줄 쓰기 으로 입력합니다.

🐰 오브젝트 수정하기

3 화면에 맞춰 오브젝트의 크기를 조절합니다.

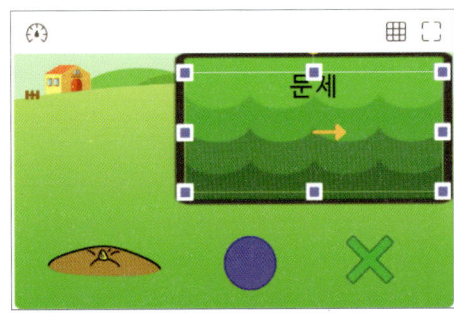

변수 추가하기

4 [속성] ➔ [변수] ➔ [변수 추가하기] ➔ [정답],[문제],[선택문제] 변수를 추가합니다

◉ 클릭하여 화면에서 보이지 않는 ◉ 상태로 만듭니다.

신호 추가하기

5 [속성] ➔ [신호] ➔ [신호 추가하기] ➔ [커져라],[작아져라],[퀴즈시작] 신호를 추가합니다.

리스트 추가하기

6 [속성] ➡ [신호] ➡ [리스트 추가하기] ➡ [정답리스트],[문제리스트] 리스트를 추가합니다.

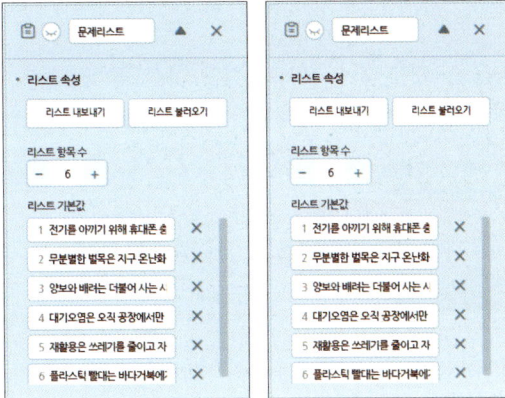

문제 리스트

전기를 아끼기 위해 휴대폰 충전기는 계속 꽂아두는 것이 좋다.
무분별한 벌목은 지구 온난화를 가속시킬 수 있다.
양보와 배려는 더불어 사는 사회에 꼭 필요한 가치이다.
대기오염은 오직 공장에서만 생긴다
재활용은 쓰레기를 줄이고 자원을 아끼는 데 도움이 된다.
플라스틱 빨대는 바다거북에게 해로울 수 있다.

문제와 정답은 자유롭게 수정해서 입력합니다.

[정답리스트]

X
O
O
X
O
O

인공지능 기능 추가하기

7 블록의 탭에서 [인공지능 블록 불러오기]를 클릭하여 [읽어주기]를 불러옵니다.

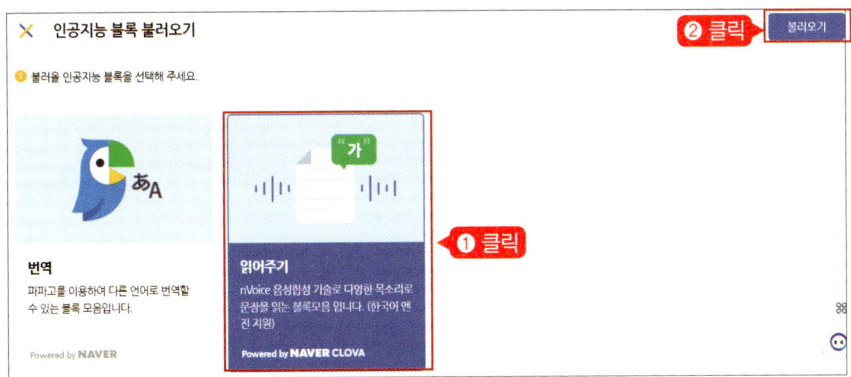

 **코딩하기**

8 [문제] 글상자 오브젝트를 코딩합니다.

[시작하기 버튼을 클릭했을 때] "OX퀴즈로 나무 키우기"를 말해주고, 읽어주고 기다립니다. [퀴즈시작]신호를 보냅니다.

A 문제

[계속 반복하기] 과 [만일 참 이라면] 블록을 축가하여 [묶음]나무 키우기 오브젝트의 모양번호가 6인 경우 나무 키우기 성공을 글쓰기하고, 읽어줍니다.
나무 키우기가 완료되어 [모든 코드 멈추기] 블록을 추가합니다.

A 문제

[퀴즈 시작] 신호를 받았을 때 [선택문제]를 1~6 사이의 무작위 수로 정합니다. [문제][정답] 변수에 리스트에서 선택한 내용들을 저장합니다.
무작위로 선택된 문제를 글상자에 보여줍니다.

9 [원]오브젝트를 코딩합니다.

[오브젝트를 클릭했을때] 현재 출제된 문제의 정답과 같은지 체크합니다. 정답인 경우 [커져라]신호를 보냅니다. 오답인 경우 [작아져라]신호를 보냅니다. 결과를 읽어주고 기다립니다.

10 [곱하기] 오브젝트를 코딩합니다.

[오브젝트를 클릭했을때] 현재 출제된 문제의 정답과 같은지 체크합니다. 정답인 경우 [커져라]신호를 보냅니다. 오답인 경우 [작아져라]신호를 보냅니다. 결과를 읽어주고 기다립니다.

11 [[묶음]나무 키우기] 오브젝트를 코딩합니다.

[커져라]신호를 받았을때 [다음] 모양으로 바꿔주고, [퀴즈시작]신호를 보내 다음 문제를 출제 할 수 있도록 합니다.

[작아져라]신호를 받았을 때 [묶음]나무키우기 오브젝트의 모양번호가 1이 아닌 경우만 [이전] 모양으로 바꿔줍니다.
[퀴즈시작]신호를 보내 다음 문제를 출제 할 수 있도록 합니다.

4장_즐거운 인공지능 게임 만들기   241

 **전체 코드**

작품 완성 파일명 : 30_OX퀴즈로 나무 키우기.ent

작품 31 사슴벌레 키우기

난이도 ★★★★★   **주요기능** 모델학습:분류이미지

학습 목표
[인공지능 모델 학습하기=>분류:이미지] 기능을 사용하여 사슴벌레의 이동을 제어하는 모델을 만들어 사슴벌레 키우기 게임을 만들어 봅시다.
- [인공지능 모델 학습하기]를 이용하여 사슴벌레 이동시키기 위한 이미지를 등록하여 모델을 만들 수 있습니다.
- [비디오감지-손인식]을 이용하여 화면에 인식된 영상을 지속적으로 이미지모델로 분류 할 수 있도록 합니다.

 **만들 작품 미리보기**   QR 코드   링크 주소 : https://youtu.be/1OOU6RbSGaw

 작품 계획하기

❶ [인공지능 모델 학습하기=>분류:이미지]로 사슴벌레를 위, 아래, 좌, 우로 이동시킬 모델을 만듭니다.

❷ [사슴벌레]는 학습한 모델로 분류된 결과로 화면을 이동합니다.

❸ [오렌지주스] 오브젝트는 사슴벌레의 먹이로 5개를 먹으면 사슴벌레 키우기 성공입니다.

 **작품 만들기**   작품 완성 파일명 : 31_사슴벌레키우기.ent

함께 만드는 강의QR 코드   링크 주소 :
https://youtu.be/rumgqJOkhzA

오브젝트 추가하기

1 [오브젝트 추가하기] 버튼을 클릭하여 [흙], [오렌지주스], [사슴벌레] 오브젝트를 추가합니다.

변수 추가하기

2 [속성] ➡ [변수] ➡ [변수 추가하기] ➡ [점수] 변수를 추가합니다.

신호 추가하기

3 [속성] ➡ [신호] ➡ [신호 추가하기] ➡ [게임시작] 신호를 추가합니다.

인공지능 기능 추가하기

4 블록의 탭에서 [인공지능 블록 불러오기]를 클릭하여 [비디오감지–손익식]를 불러옵니다.

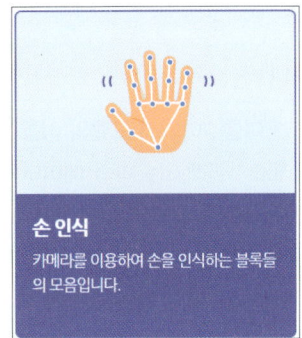

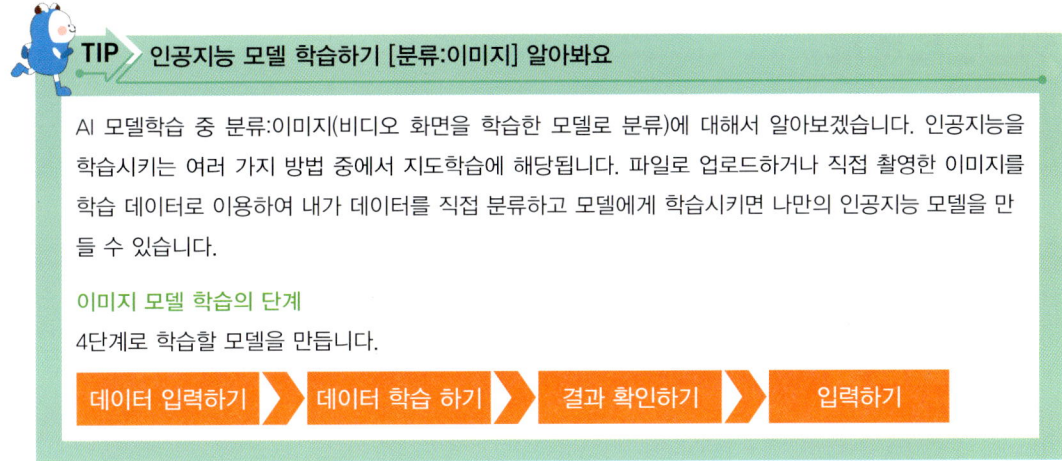

데이터 입력 하기

5 블록의 탭에서 [인공지능 모델 학습하기] → [새로 만들기] → [분류:이미지]를 선택한 후, [학습하기] 버튼을 클릭합니다.

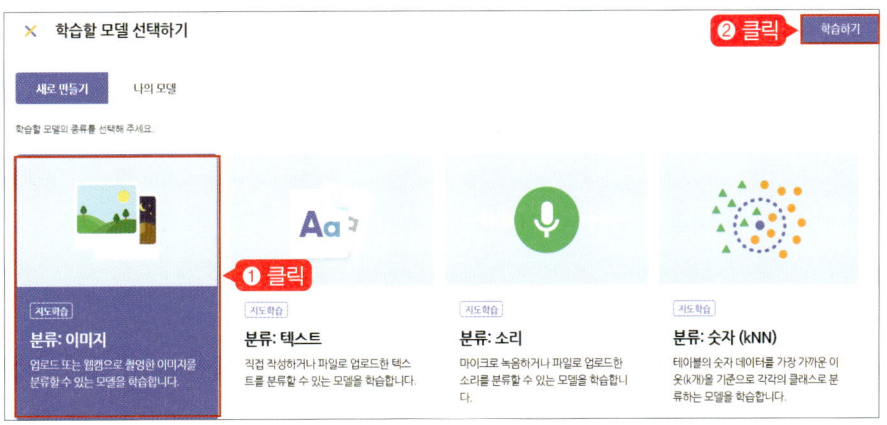

원하는 모델에 필요한 데이터를 입력하고 학습을 시키면 모델을 만들 수 있습니다.

인공지능 모델을 만들 때는 인공지능의 공부 자료인 학습 데이터가 아주 중요합니다. 인공지능은 입력된 학습 데이터를 통해 특정한 규칙과 패턴을 찾아가게 됩니다.

이미지 모델 학습데이터를 입력합니다.

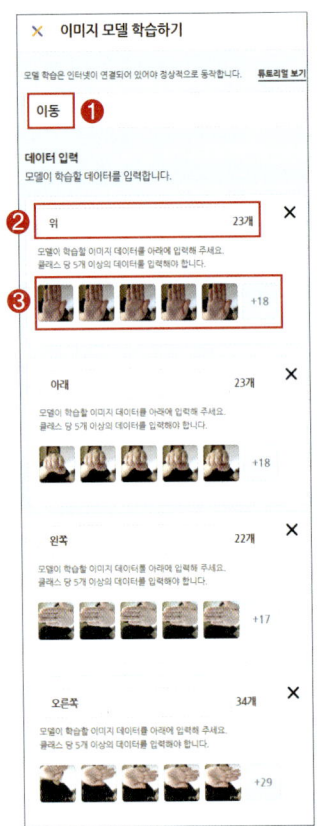

❶ 모델 이름 : 이미지 모델의 이름
❷ 클래스 : 클래스는 학습 데이터의 묶음이며 새롭게 들어온 데이터를 분류하는 기준입니다. 학습 모델이 알려주는 결과값으로 클래스 이름이 활용됩니다. 이름을 알아보기 쉽게 정해주는 것이 중요합니다.
❸ 이미지 데이터 : 각 클래스에 대해서 충분히 학습을 할 수 있도록 각 클래스마다 최소 5개 이상의 이미지 데이터를 입력해줍니다. 데이터는 이미지 파일을 업로드하거나 컴퓨터의 카메라로 바로 촬영해 입력할 수 있습니다.

뒤에 배경이 너무 화려하면 모델 학습에 영향을 줄 수 있으므로 가능하면 흰 배경에서 촬영한 이미지를 사용하는 것을 권장합니다

데이터 학습 하기

❻ 이미지 클래스를 위, 아래, 왼쪽, 오른쪽 4개를 만들고, 각각의 이미지 데이터를 추가한 후에 [모델 학습하기] 버튼을 클릭합니다.

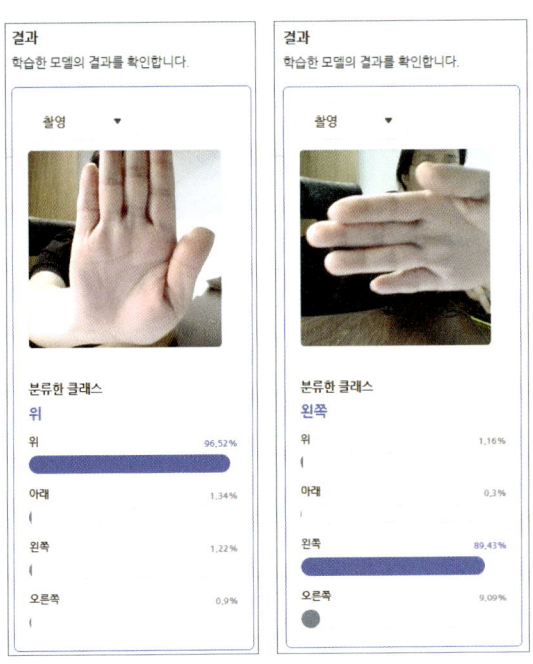

결과 확인하기

7 데이터를 입력할 때와 동일하게 촬영하거나 이미지 파일을 업로드해서 맞는 클래스로 분류되는지 확인합니다. 만약 결과가 마음에 들지 않는다면 클래스에 데이터를 더 입력하거나 학습 조건을 변경해서 원하는 결과를 얻을 수 있도록 계속해서 학습시키면 됩니다.

입력하기

8 원하는 결과가 나왔다면 [입력하기] 버튼을 눌러 만들기 화면에서 이미지 모델학습과 관련된 블록이 추가된 것을 확인할 수 있습니다.

 코딩하기

9 [사슴벌레] 오브젝트를 코딩합니다.

[시작하기 버튼을 클릭했을 때] 비디오 연결을 확인하고, 학습한 모델 분류를 시작합니다. 비디오 화면을 초기화 하여 실시간으로 화면의 영상을 분류합니다.
점수를 0으로 초기화 합니다.
이동방향을 방향과 동일하게 0으로 초기화 합니다.
사용법을 말해준 후에 게임 시작 신호를 보냅니다.

[게임시작 신호를 받았을 때] 학습 이미지 분류 결과를 말해주고, 분류결과에 따라서 방향을 정해줍니다. 이동방향으로 점수값에 비례하여 이동시켜줍니다.(10을 더해서 기본 이동값을 10으로 설정합니다

[게임시작 신호를 받았을 때] 게임이 종료되는 경우를 처리합니다.
점수가 5 이상인 경우 성공을 말해줍니다. 그렇지 않은 경우엔 점수값에 비례하여 사슴벌레의 크기를 정해줍니다.
기본값은 50에서 시작하고 점수값*10배로 증가하도록 합니다.
벽에 닿은 경우엔 게임을 종료시킵니다

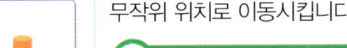

10 [오렌지주스] 오브젝트를 코딩합니다.

[시작하기 버튼을 클릭했을 때] 모양을 숨깁니다.

[게임시작 신호를 받았을 때] 모양을 보여줍니다. 사슴벌레와 닿았는지 체크하여 닿으면 점수를 증가시켜고, 소리효과를 재생합니다.
무작위 위치로 이동시킵니다.

 전체 코드

작품 완성 파일명 : 31_사슴벌레키우기.ent

오렌지주스

- 시작하기 버튼을 클릭했을 때
- 모양 숨기기

- 게임시작▼ 신호를 받았을 때
- 모양 보이기
- 계속 반복하기
  - 만일 사슴벌레▼ 에 닿았는가? (이)라면
    - 점수▼ 에 1 만큼 더하기
    - 소리 아이템 줍기▼ 재생하기
    - x: -200 부터 200 사이의 무작위 수 y: -120 부터 120 사이의 무작위 수 위치로 이동하기

5장

더 나은 세상을 위한 게임 만들기

- 작품 32 지구에 나무를 심고 깨끗한 도시 만들기
- 작품 33 마음의 벽을 허물고 행복한 세상을 만들어요!
- 작품 34 나에게 하는 말로 자존감 높이기
- 작품 35 편식없이 음식 먹기
- 작품 36 플로깅 게임
- 작품 37 칭찬하면 고래도 춤을 춰요

작품 32 — 지구에 나무를 심고 깨끗한 도시 만들기

난이도 ★★★☆☆   **주요기능** 읽어주기, 복제

학습 목표

깨끗한 지구를 만들기 위해 몇 그루의 나무를 심을지 입력 받아 나무를 심으면 도시가 점점 깨끗해지는 작품을 만들어 봅니다.
- 인공지능 [읽어주기] 기능을 사용할 수 있습니다.
- [묻고 대답 기다리기]를 통해 값을 입력 받아 사용할 수 있습니다.
- 다른 오브젝트에 [신호 보내기]를 하여 특정 오브젝트를 제어할 수 있습니다.
- 오브젝트의 [밝기] 효과에 대해 알 수 있습니다.

 **만들 작품 미리보기**

QR 코드   링크 주소 : https://youtu.be/xIa6ZACA0_g

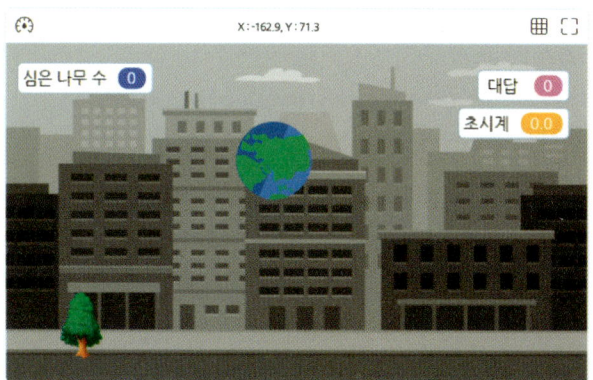

작품 계획하기

1 [읽어주기] 기능을 사용하여 [게임 사용 설명]을 읽어줍니다.

2 몇 그루의 나무를 심을지 [묻고 대답 기다리기]를 통해 입력 받습니다.

3 [대답]의 수만큼 나무가 생성됩니다.

4 나무 오브젝트를 클릭하여 [마우스 포인터] 위치로 이동시켜 지구에 심으면 지구가 회전하며 커지고 회색 도시가 점점 밝아집니다.

5 [대답]만큼 나무를 지구에 심으면, 초시계는 정지, 미션 성공 메시지를 읽어줍니다.

작품 만들기

 작품 완성 파일명 : 32_지구에 나무를 심고 깨끗한 도시 만들기.ent

함께 만드는
강의QR 코드

링크 주소 :
https://youtu.be/xNEj5WuOZHs

오브젝트 추가하기

1️⃣ [오브젝트 추가하기] 버튼을 클릭하여 [회색 도시], [나무(6)], [지구] 오브젝트를 추가합니다.

오브젝트 모양 추가하기

2️⃣ [회색도시] 오브젝트를 클릭한 후 [모양] ➡ [모양 추가하기] ➡ [도시(2)_1] 모양을 추가합니다.

변수 추가하기

3️⃣ [속성] ➡ [변수] ➡ [변수 추가하기] ➡ [심은 나무 수] 변수를 추가합니다.

5장_더 나은 세상을 위한 게임 만들기 255

🐭 신호 추가하기

4 [속성] ➡ [신호] ➡ [신호 추가하기] ➡ [지구 사랑] 신호를 추가합니다.

🐭 소리 추가하기

5 각각의 오브젝트를 클릭한 후 [소리] 탭을 선택하여 소리를 추가합니다.

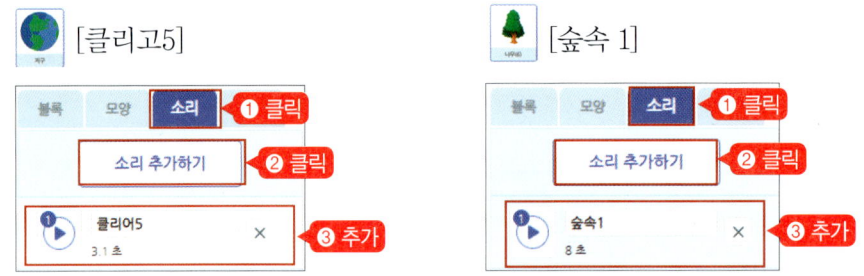

🐭 인공지능 기능 추가하기

6 블록의 🔷 탭에서 [인공지능 블록 불러오기]를 클릭하여 [읽어주기]를 불러옵니다.

 코딩하기

7 [나무(6)] 오브젝트를 코딩합니다.

[시작하기 버튼을 클릭했을 때] 모양을 숨기고 게임 방법을 설명합니다. [몇 그루의 나무를 심을지 묻고 대답 기다리기]하여 [대답]을 받으면 [대답]만큼 나무 복제본을 만듭니다.

[복제본이 처음 생성되었을 때] 모양 보이기하고, [~부터 ~사이의 무작위 수]로 랜덤하게 (x, y) 위치로 이동합니다.

[오브젝트를 클릭했을 때] [마우스포인터]위치로 이동하며 [지구에 닿았을 때] [지구], [회색도시]에 [지구사랑] 신호를 보냅니다.

[심은 나무 수]를 1 증가 시키고, [모양 숨기기], [숲속1] 소리를 1초 재생합니다.

8 [지구] 오브젝트를 코딩합니다.

[시작하기 버튼을 클릭했을 때] 지구의 위치, 크기를 정해 줍니다.

[지구사랑] 신호를 받았을 때, 최종 크기를 100%로 만들기 위해 시작할 때 60이었으므로, 40/[대답]만큼 키웁니다. 제공되는 지구 모양을 7번 반복하며 보여줍니다. 나무를 모두 심으면 "미션 성공! 푸른 지구 깨끗한 지구가 되었습니다"를 읽어줍니다.

9 [회색도시] 오브젝트를 코딩합니다.

[지구사랑] 신호를 받았을 때, [회색도시]의 밝기를 밝게 바꿔줍니다.
나무를 모두 심으면 [밝기]를 0으로 정하고 [도시(2)_1]로 모양 바꾸기하며 맑고 깨끗한 지구를 표현합니다.

 **전체 코드**

작품 완성 파일명 : 32_지구에 나무를 심고 깨끗한 도시 만들기.ent

나무(6)

- 시작하기 버튼을 클릭했을 때
  - 모양 숨기기
  - 나무를 끌어다 지구에 심어주세요 읽어주고 기다리기
  - 깨끗한 지구를 만들기 위해 몇 그루의 나무를 심을까요? 을(를) 묻고 대답 기다리기
  - 대답 번 반복하기
    - 자신▼ 의 복제본 만들기

- 복제본이 처음 생성되었을때
  - 모양 보이기
  - x: -180 부터 180 사이의 무작위 수 y: -100 부터 100 사이의 무작위 수 위치로 이동하기

- 오브젝트를 클릭했을 때
  - 계속 반복하기
    - 마우스포인터▼ 위치로 이동하기
    - 만일 지구▼ 에 닿았는가? (이)라면
      - 지구사랑▼ 신호 보내기
      - 심은 나무 수▼ 에 1 만큼 더하기
      - 모양 숨기기
      - 소리 숲속1▼ 1 초 재생하기

지구

- 시작하기 버튼을 클릭했을 때
  - x: 0 y: 80 위치로 이동하기
  - 크기를 60 (으)로 정하기

- 지구사랑▼ 신호를 받았을 때
  - 크기를 40 / 대답 만큼 바꾸기
  - 만일 대답 = 심은 나무 수▼ 값 (이)라면
    - "미션 성공! 푸른 지구 깨끗한 지구가 되었습니다" 읽어주기
    - 7 번 반복하기
      - 다음▼ 모양으로 바꾸기
      - 0.1 초 기다리기

회색 도시

- 지구사랑▼ 신호를 받았을 때
  - 밝기▼ 효과를 100 / 대답 만큼 주기
  - 계속 반복하기
    - 만일 심은 나무 수▼ 값 = 대답 (이)라면
      - 밝기▼ 효과를 0 (으)로 정하기
      - 도시(2)_1▼ 모양으로 바꾸기

작품 33
마음의 벽을 허물고 행복한 세상을 만들어요!

난이도 ★★★☆☆　　**주요기능** 읽어주기, 리스트

학습 목표	더 나은 세상을 위한 코딩 프로젝트로 서로를 이해하지 못하고 마음의 벽을 만들게 된 사회적 문제에 대해 생각해보고 마음의 벽을 깨는 작품을 만들어 봅니다. • 인공지능 [읽어주기] 기능을 사용할 수 있습니다. • 마음의 벽을 만든 단어들을 입력하여 [리스트]를 만들고, 조회할 수 있습니다. • [복제]를 이용해 허물 벽돌을 만들 수 있습니다.

 **만들 작품 미리보기**　　QR 코드　링크 주소 : https://youtu.be/mxcoOCFN7OA

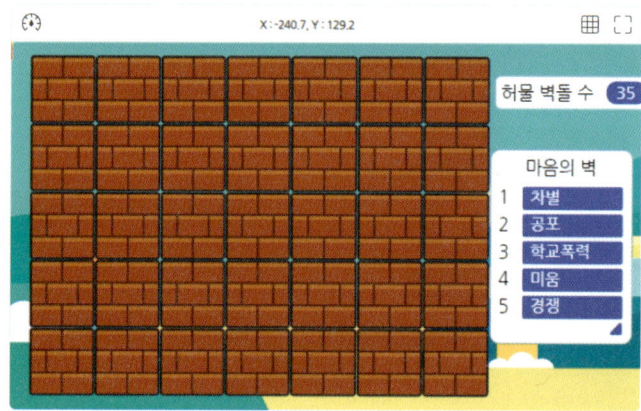

 작품 계획하기

1 [읽어주기] 기능을 사용하여 [게임 사용 설명]을 읽어줍니다.

2 [벽돌] 오브젝트로 복제를 이용하여 많은 벽돌을 만듭니다.

3 마음의 벽을 만든 단어들을 입력하여 [리스트]를 만듭니다.

4 [뿅망치]가 벽돌에 닿으면 [리스트]에서 마음의 벽을 만든 단어를 말해줍니다.

5 처음 [뿅망치]에 닿으면 벽돌의 크기가 작아지고 또 닿으면 벽돌을 허뭅니다.

6 [마음의 벽]이 모두 허물어지면 "행복한 세상을 만들 수 있음"을 말해 줍니다.

 **작품 만들기** 작품 완성 파일명 : 33_마음의 벽을 허물고 행복한 세상을 만들어요.ent

| 함께 만드는 강의QR 코드 | 링크 주소 : https://youtu.be/BYceHOld7K0 |

오브젝트 추가하기

1️⃣ [오브젝트 추가하기] 버튼을 클릭하여 [아름다운 세상_1], [벽돌], [뽕망치], [[묶음] 엔트리봇 이모티콘] 오브젝트를 추가합니다.

 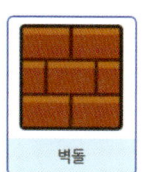  

변수 추가하기

2️⃣ [속성] ➡ [변수] ➡ [변수 추가하기] ➡ [허물 벽돌 수] 변수를 추가합니다.

소리 추가하기

3️⃣ [[묶음] 엔트리봇 이모티콘] 오브젝트를 클릭 한 후 [소리] 탭을 선택하여 [반짝반짝 빛나는4] 소리를 추가합니다.

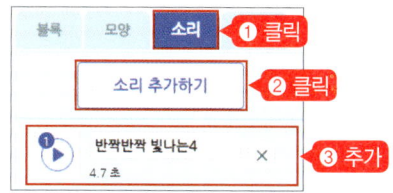

리스트 추가하기

4 [속성] ➡ [리스트] ➡ [리스트 추가하기] ➡ [마음의 벽] 리스트를 추가합니다.

리스트 항목수를 5으로 입력하고, 리스트의 [차별, 공포, 학교폭력, 미움, 심한 경쟁] 마음의 벽 정보를 입력합니다.

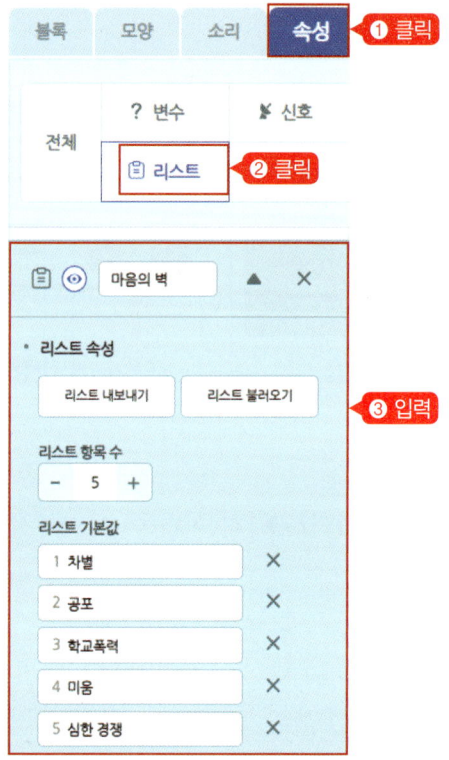

실행화면에 리스트를 원하는 위치에 놓고, 장면을 구성합니다.

인공지능 기능 추가하기

5 블록의 탭에서 [인공지능 블록 불러오기]를 클릭하여 [읽어주기]를 불러옵니다.

 **코딩하기**

6 [벽돌] 오브젝트를 코딩합니다.

[시작하기 버튼을 클릭했을 때] 벽돌의 시작 위치, 모양 숨기기, 크기, [허물 벽돌 수]를 정합니다. 벽돌을 복제하여 5행 7열 벽돌 벽(마음의 벽)을 만든 후 게임 사용법을 설명합니다.

[복제본이 처음 생성되었을 때] 모양 보이기 합니다.

[마우스를 클릭했을 때] [뿅망치에 닿았는가]를 확인합니다. 처음 닿으면 크기를 30으로 줄입니다. 다시 닿았다면 [모양 숨기기], [허물 벽돌 수] 값에서 1씩 감소, [마음의 벽]리스트에서 랜덤한 값을 읽고 기다려줍니다. [복제본 삭제하기]합니다.

7 [뽕망치] 오브젝트를 코딩합니다.

[시작하기 버튼을 클릭했을 때] 크기를 정해주고 계속 반복하여 [마우스포인터] 위치로 이동합니다.

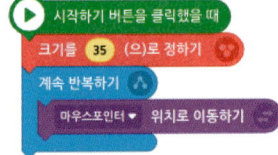

[마우스를 클릭했을 때] 방향을 회전시키며 뽕망치를 치는 표현을 합니다.

8 [[묶음] 엔트리봇 이모티콘] 오브젝트를 코딩합니다.

[시작하기 버튼을 클릭했을 때] 모양을 숨기고 [목소리, 속도, 음높이]를 설정합니다. [허물 벽돌 수] 값이 0이라면 (마음의 벽을 다 허물었다면) 모양 보이기하고 [반짝반짝 빛나는4] 소리를 재생하며 "마음의 벽을 허물어 행복한 세상을 만들어요" 읽어주고 기다립니다. [모든 코드 멈추기]하며 게임을 종료합니다.

전체 코드

작품 완성 파일명 : 33_마음의 벽을 허물고 행복한 세상을 만들어요.ent

작품 34 — 나에게 하는 말로 자존감 높이기

난이도 ★★★☆☆ **주요기능** 음성인식, 읽어주기

학습 목표	인공지능 [오디오 감지]를 활용 [음성 인식하기]로 자존감을 높이는 말을 하는 프로그램을 만들 수 있습니다. • 인공지능 [오디오 감지] 기능을 추가하여 사용할 수 있습니다. • [붓]을 이용하여 [자존감 지수]의 변화를 표현할 수 있습니다. • [신호]를 이용하여 특정 오브젝트를 제어할 수 있습니다.

 **만들 작품 미리보기**

QR 코드  링크 주소 : https://youtu.be/hZLHR4rJCqA

작품 계획하기

1. 자존감이란? 무엇인지 생각하며 자존감을 높이는 단어를 찾아봅니다.
2. [마우스를 클릭했을 때] 자존감을 높이는 말을 입력받으면 자존감 지수가 높아집니다.
3. 자존감 지수를 표시바에 나타냅니다.
4. [자존감 지수]가 100%가 되었을 때 자존감이 무엇인지 설명해 줍니다.

 **작품 만들기**   작품 완성 파일명 : 34_나에게 하는 말로 자존감 높이기.ent

함께 만드는 강의QR 코드

링크 주소 :
https://youtu.be/ZP0VwR4540g

오브젝트 추가하기

1 [오브젝트 추가하기] 버튼을 클릭하여 [으스스한 숲속], [[묶음] 마이크 버튼], [I♥U by_알약이] 오브젝트를 추가합니다.

변수 추가하기

2 [속성] ➡ [변수] ➡ [변수 추가하기] ➡ [자존감 지수] 변수를 추가합니다.

신호 추가하기

3 [속성] ➡ [신호] ➡ [신호 추가하기] ➡ [자존감 지수 표시] 신호를 추가합니다.

🐰 소리 추가하기

4 [I♥U by_알약이] 오브젝트를 클릭 한 후 [소리]탭을 선택하여 [잔잔한 알림, 짧은 샤라랑2] 소리를 추가합니다.

🐰 인공지능 기능 추가하기

5 블록의 탭에서 [인공지능 블록 불러오기]를 클릭하여 [오디오 감지 - 음성 인식], [읽어주기]를 불러옵니다.

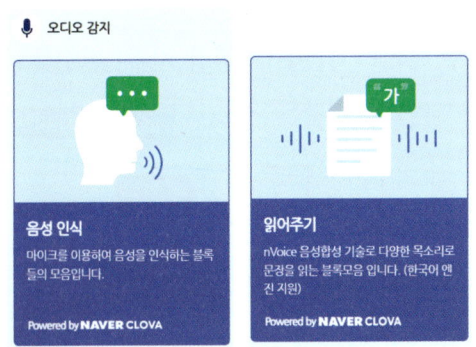

 코딩하기

❻ [I♥U by_알약이] 오브젝트를 코딩합니다.

[시작하기 버튼을 클릭했을 때] [마이크가 연결될 때까지 기다리기]합니다. 크기를 100으로 정하고 "마우스를 클릭한 후 나는 소중해, 나는 최고를 말하며 자존감을 높이세요" 사용 설명을 한 후 [초시계]를 시작합니다.

[마우스를 클릭했을 때] [한국어-음성 인식하기]를 하여 [음성을 문자로 바꾼 값]을 이용해 자존감이 높아지는 말인지 확인합니다.
"나는 소중해", "나는 최고" 등 자존감 높아지는 말을 이용해 코딩해 보세요. 만약 자존감을 높이는 말이면 [자존감 지수] 변수에 10만큼 더하기 하고 [자존감 지수 표시] 신호 보내기 합니다. [알약이] 오브젝트의 크기를 20만큼 키우고 [짧은 샤라랑2] 소리를 1초 동안 재생합니다.

[자존감 지수 표시] 신호를 받았을 때 [자존감 지수]값이 100%라면 [초시계 정지하기]하고 몇 초만에 미션을 성공했는지 말하기 합니다. "자존감의 의미에 대해" 읽어주고 [모든 코드 멈추기]를 합니다.

7 [[묶음]마이크 버튼] 오브젝트를 코딩합니다.

[시작하기 버튼을 클릭했을 때] [마이크 버튼]의 위치를 정해줍니다. 크기를 30으로 하고 [자존감 지수 표시] 신호를 보내 첫 시작은 자존감 지수 0%를 표시하게 합니다.

[자존감 지수 표시] 신호를 받았을 때, 기준이 되는 위치로 이동합니다. [그리기 굵기]=30으로 정하고 그리기를 시작합니다. x좌표를 기준으로 [자존감 지수]만큼 빨간색으로 표시바를 그립니다. 빨간색으로 칠한 이후의 x좌표를 기준으로 아이보리 색으로 바꾼 후 (100 - [자존감 지수]) 만큼 표시바를 그립니다.

전체 코드

작품 완성 파일명 : 34_나에게 하는 말로 자존감 높이기.ent

[I ♥ U by _알약이_]

- 시작하기 버튼을 클릭했을 때
  - 마이크가 연결되었는가? 이(가) 될 때까지 기다리기
  - 크기를 100 (으)로 정하기
  - 마우스를 클릭한 후 나는 소중해, 나는 최고를 말하며 자존감을 높이세요 읽어주고 기다리기
  - 초시계 시작하기

- 마우스를 클릭했을 때
  - 한국어 음성 인식하기
  - 음성을 문자로 바꾼 값 을(를) 말하기
  - 만일 음성을 문자로 바꾼 값 = 나는 소중해 또는 음성을 문자로 바꾼 값 = 나는 최고 (이)라면
    - 자존감 지수 에 10 만큼 더하기
    - 자존감 지수 표시 신호 보내기
    - 크기를 20 만큼 바꾸기
    - 소리 짧은 사랑2 1 초 재생하기
    - 2 초 기다리기

- 자존감 지수 표시 신호를 받았을 때
  - 만일 자존감 지수 값 ≥ 100 (이)라면
    - 초시계 정지하기
    - 초시계 값 과(와) 초만에 자존감 높이기 미션 성공!!! 를 합치기 을(를) 말하기
    - 소리 잔잔한 알림 2 초 재생하고 기다리기
    - 자존감은 자신을 존중하고 사랑하는 마음입니다. 읽어주고 기다리기
    - 스스로 가치있는 존재임을 인식하고, 읽어주고 기다리기
    - 긍정적으로 자신을 믿고 생활하세요! 읽어주고 기다리기
    - 모든 코드 멈추기

[묶음] 마이크 버튼

- 시작하기 버튼을 클릭했을 때
  - x: -210 y: 30 위치로 이동하기
  - 크기를 30 (으)로 정하기
  - 자존감 지수 표시 신호 보내기

- 자존감 지수 표시 신호를 받았을 때
  - x: -210 y: 30 위치로 이동하기
  - 그리기 굵기를 30 (으)로 정하기
  - 그리기 시작하기
  - 그리기 색을 (빨강)(으)로 정하기
  - x 좌표를 자존감 지수 값 만큼 바꾸기
  - 그리기 색을 (흰색)(으)로 정하기
  - x 좌표를 100 - 자존감 지수 값 만큼 바꾸기
  - 그리기 멈추기

작품 35

편식없이 음식 먹기

난이도 ★★☆ ☆☆　　**주요기능** 비디오 감지(얼굴인식)

학습 목표	비디오 감지(얼굴인식) 기능을 활용하여 음식 먹는 게임을 만들어 봅시다. • 좋아하는 음식과 좋아하지 않는 음식을 구분하여 오브젝트를 추가하여 편식없이 음식을 먹을 수 있도록 활용해 봅니다. • [비디오 감지-얼굴인식]을 통해 입술 위치로 오브젝트를 이동시킬 수 있습니다.

 **만들 작품 미리보기**　　QR 코드 　링크 주소 : https://youtu.be/hLruzeAuab8

작품 계획하기

1 [입] 오브젝트는 인식된 얼굴의 윗 입술 위치로 이동하시킵니다. [음식]에 닿은 경우 점수를 증가시킵니다. 음식을 모양번호를 통해서 점수를 다르게 증가시킵니다.

2 [입] 오브젝트는 파리를 만나면 점수를 감소시킵니다. 점수 1,000점이 넘으면 게임을 종료 시킵니다.

3 [음식] 오브젝트는 좋아하는 음식과 좋아하지 않는 음식으로 모양을 추가해서 생성합니다. 복제복을 생성하여 화면의 무작위 위치에 등장시킵니다.

4 [파리] 오브젝트는 화면을 자유롭게 이동합니다.

 **작품 만들기**   작품 완성 파일명 : 35_편식없이음식먹기게임.ent

함께 만드는 강의QR 코드   링크 주소 :
https://youtu.be/4x-psBqc_4w

오브젝트 추가하기

1 [오브젝트 추가하기] 버튼을 클릭하여 [가지], [입], [파리] 오브젝트를 추가합니다.

 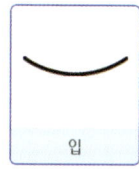 

2 [오브젝트 추가하기] 버튼을 클릭하여 [글상자] 오브젝트를 추가합니다.

글상자 이름: 게임종료 입력합니다.

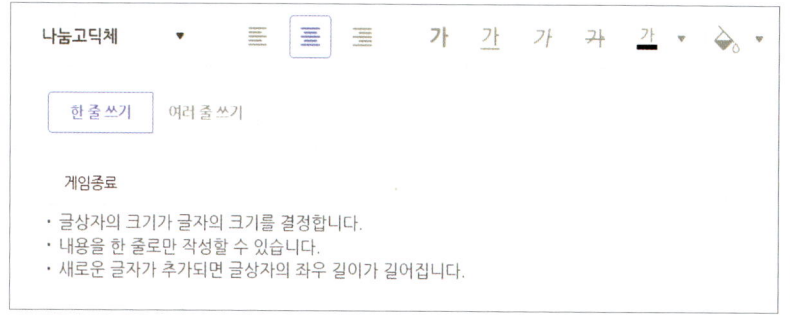

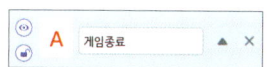

오브젝트 수정하기

3 [가지] 오브젝트의 [모양] 탭을 선택합니다. [모양추가하기] 버튼을 클릭합니다.

좋아하는 음식 4가지(도넛_정답,딸기_컵케이크1,막대사탕_1,민트초코 아이스크림)

싫어하는 음식 4가지(가지_1,감자_1,검은콩_1,고구마_1)를 추가합니다.

※순서를 지켜주세요. 모양번호가 의미 있습니다.

오브젝트의 이름을 [음식]으로 변경합니다.

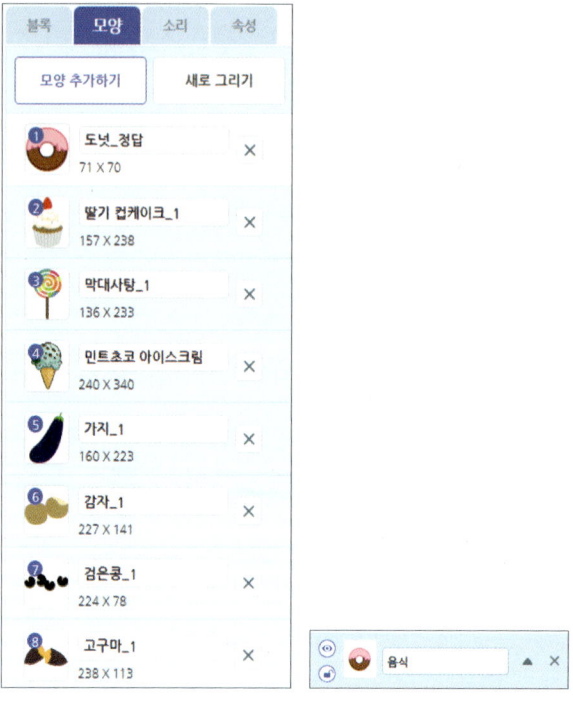

변수 추가하기

4 [속성] ➡ [변수] ➡ [변수 추가하기] ➡ [점수] 변수를 추가합니다.

신호 추가하기

5 [속성] ➡ [신호] ➡ [신호 추가하기] ➡ [게임종료] 신호를 추가합니다.

소리 추가하기

6 [입] 오브젝트를 클릭 한 후 [소리] 탭을 선택하여 [냠냠 먹기1], [놀라는 소리]를 추가합니다.

7 [파리] 오브젝트를 클릭 한 후 [소리] 탭을 선택하여 [파리 소리]를 추가합니다.

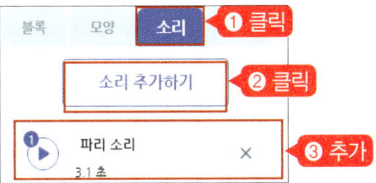

인공지능 기능 추가하기

8 블록의 [인공지능] 탭에서 [인공지능 블록 불러오기]를 클릭하여 [비디오 감지-얼굴인식]을 불러옵니다.

코딩하기

9 [입] 오브젝트를 코딩합니다.

[시작하기 버튼을 클릭했을 때] 점수를 초기화 시킵니다.
비디오가 연결되면 얼굴 인식 시작합니다. 인식된 얼굴의 첫 번째 얼굴의 윗 입술값을 기준으로 오브젝트의 위치를 이동시킵니다.
화면에서 움직이는 입술이 음식과 닿은 경우 그리고 음식의 모양번호가 4보다 작거나 같은 경우엔 좋아하는 음식으로 [점수] 변수에 50을 더합니다.
화면에서 움직이는 입술이 음식과 닿은 경우 그리고 음식의 모양번호가 4보다 큰 경우엔 싫어하는 음식으로 [점수] 변수에 100을 더합니다.

[시작하기 버튼을 클릭했을 때] 점수값을 검사하여 1000점이 넘은 경우 [게임종료] 신호를 보내고 모든 코드를 멈춥니다.

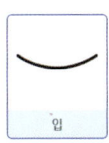

10 [입] 오브젝트를 코딩합니다.

[시작하기 버튼을 클릭했을 때] 모양을 숨기고, 무작위 시간으로 복제본을 생성합니다.

[복제본이 처음 생성되었을 때] 무작위 위치로 이동하고, 모양을 무작위로 변경한 후 보이도록 합니다.
복제본이 입에 닿은 경우 복제본을 삭제합니다.

11 [파리] 오브젝트를 코딩합니다.

[시작하기 버튼을 클릭했을 때] 이동 방향을 15도로 정해주고, 계속해서 화면을 이동할 수 있도록 이동방향으로 1만큼 움직이기 합니다.
1만큼 움직이기의 값을 변경하여 파리의 이동 속도를 조절할 수 있습니다.

12 [게임종료] 글상자 오브젝트를 코딩합니다.

[시작하기 버튼을 클릭했을 때] 화면 중앙으로 위치를 이동시키고, 모양을 숨깁니다.

[게임 종료 신호를 받았을 때] 모양을 보이고, 게임 종료 효과를 표시합니다.

전체 코드

작품 완성 파일명 : 35_편식없이음식먹기게임.ent

음식

- 시작하기 버튼을 클릭했을 때
  - 모양 숨기기
  - 계속 반복하기
    - 자신▼ 의 복제본 만들기
    - 1 부터 3 사이의 무작위 수 초 기다리기

- 복제본이 처음 생성되었을때
  - x: -200 부터 200 사이의 무작위 수 y: 0 부터 -100 사이의 무작위 수 위치로 이동하기
  - 1 부터 8 사이의 무작위 수 모양으로 바꾸기
  - 모양 보이기
  - 계속 반복하기
    - 만일 입▼ 에 닿았는가? (이)라면
      - 이 복제본 삭제하기

파리

- 시작하기 버튼을 클릭했을 때
  - 이동 방향을 15° (으)로 정하기
  - 계속 반복하기
    - 이동 방향으로 1 만큼 움직이기
    - 화면 끝에 닿으면 튕기기

A 게임종료

- 시작하기 버튼을 클릭했을 때
  - x: 0 y: 0 위치로 이동하기
  - 모양 숨기기

- 게임종료▼ 신호를 받았을 때
  - 모양 보이기
  - 36 번 반복하기
    - 방향을 20° 만큼 회전하기
    - 크기를 2 만큼 바꾸기

작품 36

플로깅 게임

난이도 ★★★☆☆　　**주요기능** 비디오감지(손 인식), 읽어주기

학습 목표
플로깅은 이삭을 줍는다(plocka upp)는 뜻의 스웨덴어와 영어 조깅(jogging)의 합성어로 산책이나 조깅 등 운동을 하며 쓰레기를 줍는 전 세계적 환경운동 중 하나입니다. 엔트리 프로그램으로 쓰레기를 줍는 게임을 만들어 봅시다.
- [읽어주기]를 활용하게 게임 방법을 설명해줍니다.
- [비디오 감지-손 인식]을 이용하여 인식된 사람의 오른손 움직임을 감지할 수 있습니다.

 **만들 작품 미리보기**　　QR 코드 링크 주소 : https://youtu.be/TJ6sXkXejHU

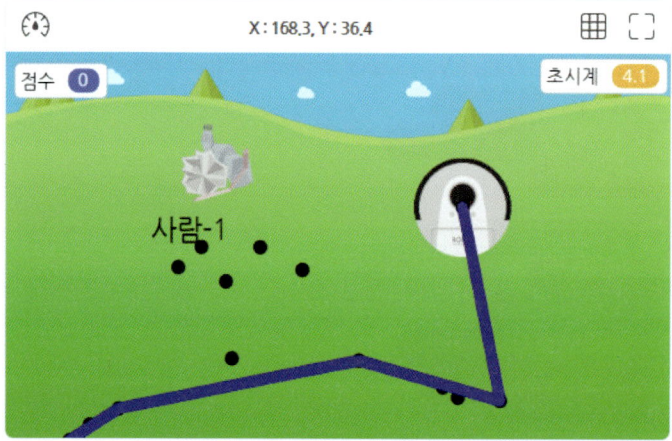

작품 계획하기

❶ [로봇청소기] 오브젝트는 손 인식 기능을 시작하고, 게임 시간과 수거할 쓰레기 개수를 입력 받은 후에 [게임시작] 신호를 보냅니다.

❷ [쓰레기] 오브젝트는 [게임시작] 신호를 받으면 무작위 위치로 이동하며 [로봇청소기]에 닿았는지 검사합니다.

❸ [게임종료] 글상자는 [게임종료] 신호를 받으면 경기 종료를 알립니다.

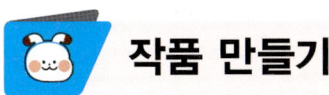 **작품 만들기**

작품 완성 파일명 : 36_플로깅게임.ent

함께 만드는 강의QR 코드

링크 주소 :
https://youtu.be/DOt2Jw2vsiI

오브젝트 추가하기

1 [오브젝트 추가하기] 버튼을 클릭하여 [들판(3)], [로봇청소기(2)], [쓰레기] 오브젝트를 추가합니다.

2 [오브젝트 추가하기] 버튼을 클릭하여 [글상자] 오브젝트를 추가합니다.

글상자 이름: 게임종료, 폰트:나눔고딕체, 글자색:빨강, 배경색: 없음 으로 입력합니다.

오브젝트 수정하기

3 [쓰레기] 오브젝트의 모양탭을 클릭하여 [모양 추가하기] 클릭합니다.

5장_더 나은 세상을 위한 게임 만들기 **281**

모양 추가하기 화면에서 [찌그러진캔_1], [빈유리병_1], [신문지묶은 것_1] 모양을 추가합니다.

변수 추가하기

4 [속성] ➡ [변수] ➡ [변수 추가하기] ➡ [점수], [시간제한], [목표쓰레기개수], [게임규칙] 변수를 추가합니다.

신호 추가하기

5 [속성] ➡ [신호] ➡ [신호 추가하기] ➡ [게임성공], [게임실패], [게임시작] 신호를 추가합니다.

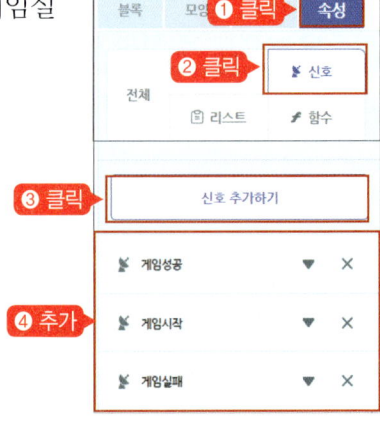

인공지능 기능 추가하기

6 블록의 탭에서 [인공지능 블록 불러오기]를 클릭하여 [비디오 감지-손 인식], [읽어주기]를 불러옵니다.

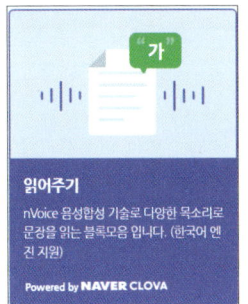
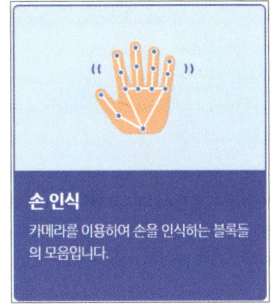

코딩하기

7 [로봇청소기(2)] 오브젝트를 코딩합니다.

[시작하기 버튼을 클릭했을 때] 비디오 연결을 확인하고, 손 인식을 시작합니다.

[게임시작 신호를 받았을 때] 무작위 위치로 이동시키고, 여러 종류의 쓰레기를 표시하기 위해 모양을 바꿔줍니다.
[로봇청소기]와 닿았다면 점수를 1점 증가시켜주고, 읽어주기를 효과를 줍니다.

로봇청소기(2)

[게임시작] 신호를 받았을때 청소기가 인식된 손(중지의 첫째마디)을 따라 갈수 있도록 x,y 좌표를 이동시킵니다

[게임시작 신호를 받았을 때] 무작위 위치로 이동시키고, 여러 종류의 쓰레기를 표시하기 위해 모양을 바꿔줍니다.
[로봇청소기]와 닿았다면 점수를 1점 증가시켜주고, 읽어주기 효과를 줍니다.

[게임시작 신호를 받았을때] 초시계를 시작합니다. 게임 종료를 검사합니다. 목표쓰레기개수와 점수 값이 같은 경우는 [게임성공] 신호를 보냅니다.
시간 제한값을 초과된 경우 [게임실패] 신호를 보냅니다.

[시작하기 버튼을 클릭했을 때] 모양을 숨겨줍니다.

[게임성공 신호를 받았을 때] 결과를 읽어주고, 초시계를 멈춥니다.
모양을 보이고, 모든 코드를 멈춥니다.

[게임실패 신호를 받았을 때] 결과를 읽어주고, 초시계를 멈춥니다.
모양을 보이고, 모든 코드를 멈춥니다.

전체 코드

작품 완성 파일명 : 36_플로깅게임.ent

5장_ 더 나은 세상을 위한 게임 만들기

작품 37

칭찬하면 고래도 춤을 춰요

난이도 ★★★★☆ **주요기능** 오디오감지(음성인식), 텍스트 모델학습

학습 목표
[인공지능 모델 학습하기=>분류:텍스트] 기능을 사용하여 칭찬하는 말과 실망하는 말을 구분하는 모델을 만들어 칭찬하는 말을 많이 하여 고래도 춤추게 하는 게임을 만들어 봅시다.
- 칭찬/실망과 관련된 데이터를 입력하여 [분류:텍스트] 모델을 학습시킵니다.
- [인공지능 모델 학습하기]를 이용하여 칭찬하는 말을 듣고 춤을 추는 고래 작품을 만들 수 있습니다.

 **만들 작품 미리보기**   QR 코드 링크 주소 : https://youtu.be/MtEjE8Vmzxs

작품 계획하기

1. [인공지능 모델 학습하기:텍스트]로 칭찬하는 말/실망하는 말 클래스를 만듭니다.
2. [칭찬고래]는 학습한 모델로 분류된 결과로 춤을 추고 실망합니다.
3. [칭찬횟수] 값이 5이면 미션 성공입니다.

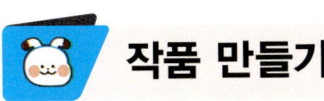 **작품 만들기** 작품 완성 파일명 : 37_칭찬하면 고래도 춤을춰요.ent

| 함께 만드는 강의QR 코드 | 링크 주소 :
https://youtu.be/dXwLB22qVCl |

오브젝트 추가하기

1 [오브젝트 추가하기] 버튼을 클릭하여 [바닷속(3)], [[묶음]핑크 돌고래] 오브젝트를 추가합니다.

오브젝트 모양 추가하기

2 [모양] ➡ [모양 추가하기] ➡ [상처난 고래_2] 모양을 추가합니다.

변수 추가하기

3 [속성] ➡ [변수] ➡ [변수 추가하기] ➡ [칭찬횟수] 변수를 추가합니다.

5장_더 나은 세상을 위한 게임 만들기

🐶 소리 추가하기

4 🐬 [[묶음] 핑크 돌고래] 오브젝트를 클릭한 후 [소리] 탭을 선택하여 [환호4, 야호2, 소녀 우는소리1] 소리를 추가합니다.

🐶 인공지능 기능 추가하기

5 블록의 🧠 탭에서 [인공지능 블록 불러오기]를 클릭하여 [오디오 감지 – 음성 인식]를 불러옵니다.

> **TIP** 인공지능 모델 학습하기 [분류: 텍스트] 알아봐요
>
> 엔트리에서 제공하는 AI 모델 학습 중 분류:텍스트에 대해서 알아보겠습니다. 텍스트 모델은 학습 데이터로 입력한 텍스트를 분류하고 학습시키면 새롭게 입력되는 텍스트를 분류할 수 있는 모델을 만들 수 있습니다. 텍스트의 의미가 아니라 형태가 얼마나 비슷한지를 기준으로 분류하는 모델입니다.
>
> **텍스트 모델 학습의 단계**
> 3단계로 학습할 모델을 만듭니다.
> [데이터 학습하기] → [결과 확인하기] → [입력하기]
>
> 데이터 입력하기 ▶ 결과 확인하기 ▶ 입력하기

인공지능 텍스트 모델 학습하기

❻ 블록의 [인공지능] 탭에서 [인공지능 모델 학습하기] ➜ [새로 만들기] ➜ [분류:텍스트] 를 선택한 후, [학습하기] 버튼을 클릭합니다.

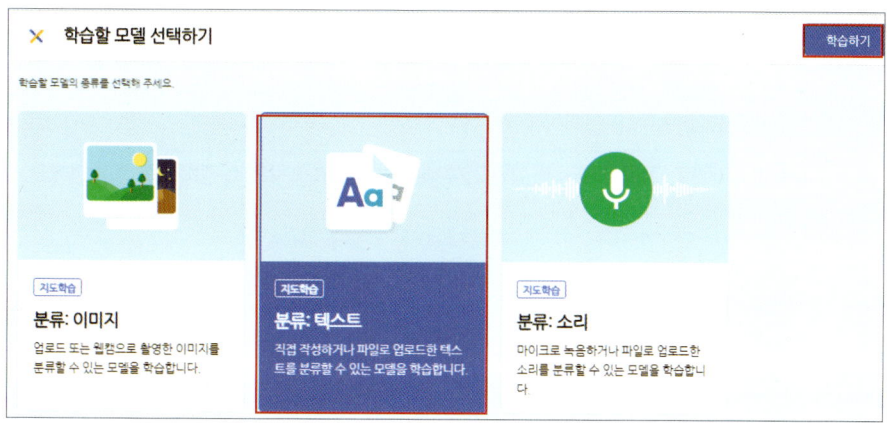

원하는 모델에 필요한 데이터를 입력하고 학습을 시키면 인공지능 텍스트 모델을 만들 수 있습니다. 인공지능 모델을 만들 때는 인공지능의 공부 자료인 학습 데이터가 아주 중요합니다. 인공지능은 입력된 학습 데이터를 통해 특정한 규칙과 패턴을 찾아가게 됩니다. 인공지능 텍스트 모델은 텍스트의 의미가 아니라 형태가 얼마나 비슷한지를 기준으로 분류하는 모델입니다.

모델 학습데이터를 입력합니다.

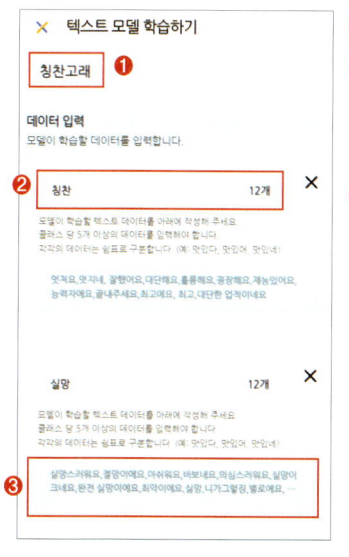

❶ **모델 이름** : 텍스트 모델의 이름

❷ **클래스** : 클래스는 학습 데이터의 묶음이며 새롭게 들어온 데이터를 분류하는 기준입니다. 학습 모델이 알려주는 결과값으로 클래스 이름이 활용됩니다. 이름을 알아보기 쉽게 정해주는 것이 중요합니다.

❸ **텍스트 데이터** : 각 클래스에 대해서 충분히 학습을 할 수 있도록 각 클래스마다 최소 5개 이상의 텍스트 데이터를 입력해줍니다. 데이터는 텍스트 파일을 업로드하거나 직접 입력할 수 있습니다. 데이터는 ,(쉼표)로 구분하여 입력합니다.

[테이터 입력하기]

분류: 텍스트 모델명을 [칭찬고래]라고 정합니다. 모델 클래스로 [칭찬], [실망]을 추가합니다. 클래스별로 학습할 데이터를 5개 이상 입력합니다.

※ 각각의 데이터는 ,(쉼표)로 구분합니다.

클래스	학습할데이터
칭찬	멋져요, 멋지네, 잘했어요, 대단해요, 훌륭해요, 굉장해요, 재능있어요, 능력자에요, 끝내주세요, 최고에요, 최고, 대단한 업적이네요
실망	실망스러워요, 절망이에요, 아쉬워요, 후회해요, 의심스러워요, 실망이에요, 최악이에요, 실망, 니가 그렇징, 별로에요, 싫어

데이터 입력이 끝났으면 입력한 데이터와 조건으로 모델을 학습합니다.

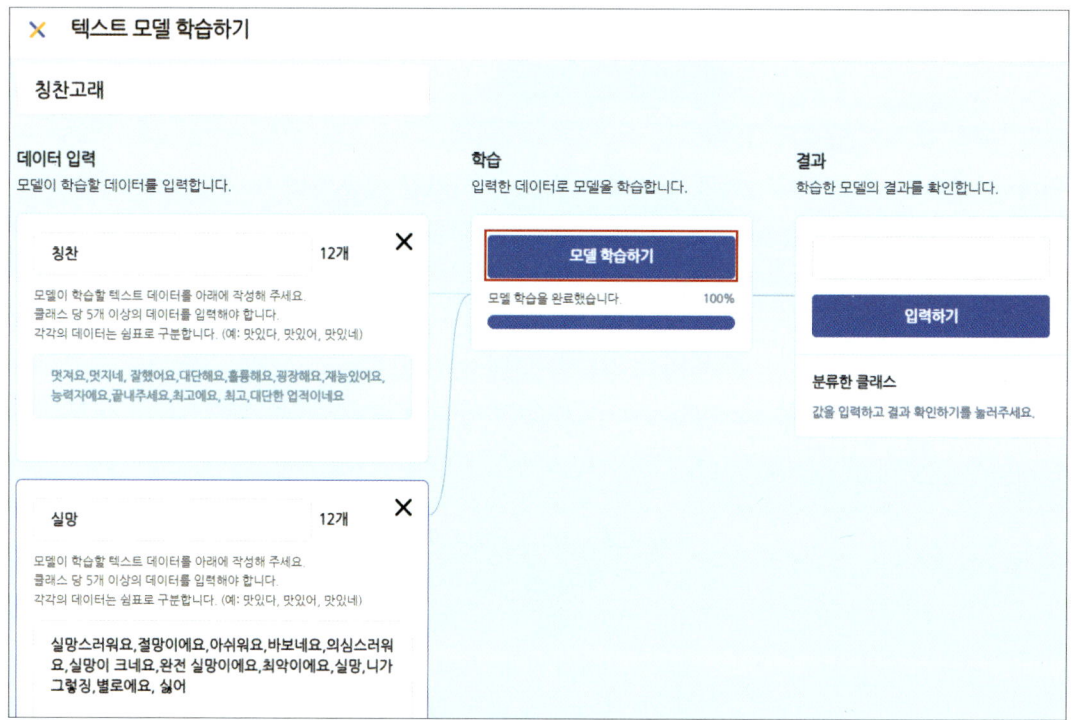

[결과 확인하기]

학습한 데이터와 유사한 텍스트를 입력하여 제대로 클래스로 분류되는지 확인합니다. 만약 결과가 마음에 들지 않는다면 클래스에 데이터를 더 입력하거나 학습 조건을 변경해서 원하는 결과를 얻을 수 있도록 계속해서 학습시키면 됩니다.

※ 텍스트의 의미가 아니라 형태가 얼마나 비슷한지를 기준으로 분류된 결과입니다.

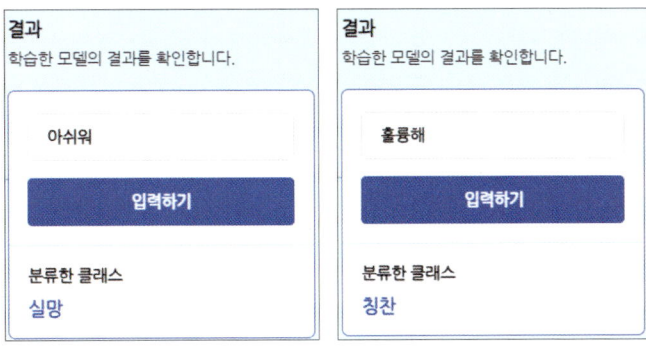

[학습된 모델 입력하기]

원하는 결과가 나왔다면 [입력하기] 버튼을 눌러 블록탭에서 이미지 모델학습과 관련된 블록이 추가된 것을 확인할 수 있습니다.

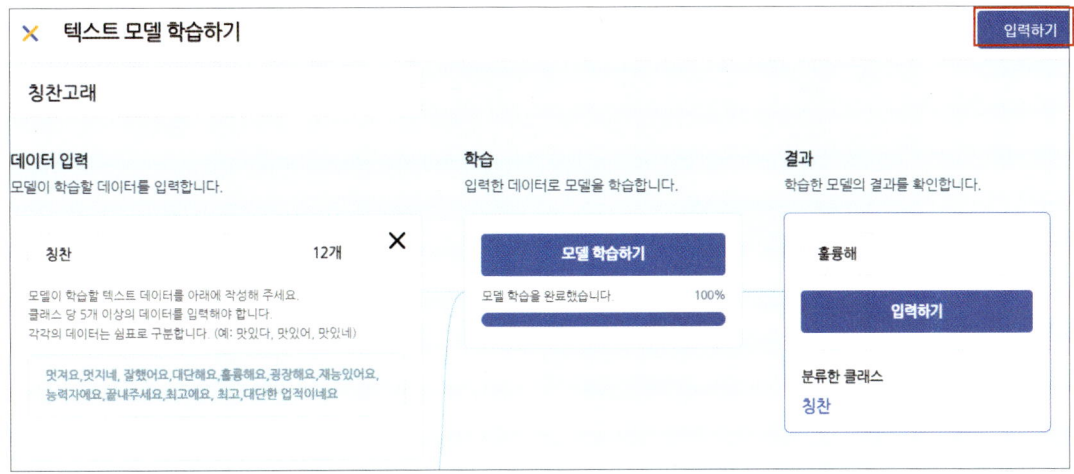

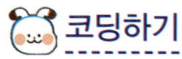 **코딩하기**

7 [[묶음]핑크 돌고래] 오브젝트를 코딩합니다.

[시작하기 버튼을 클릭했을 때] 마이크가 연결되었는지를 확인합니다. 사용 방법을 말하기 합니다. [칭찬횟수] 즉 칭찬하는 말을 5번 했다면 칭찬 미션 성공을 말하고, [환호4] 소리를 재생하며 [모든 코드 멈추기]를 합니다.

[스페이스 키를 눌렀을 때] [음성 인식하기]를 하여 [음성을 문자로 바꾼 값]으로 학습한 모델로 분류하여 [분류 결과]를 말하기 합니다. 분류 결과가 [칭찬]이면 [칭찬횟수]를 1 증가시키고 [핑크 돌고래] [모양]을 바꾸고 [방향]을 회전하며 칭찬에 보답하는 춤을 춥니다. 분류 결과가 [실망]이면 [상처난 고래_2] 모양으로 바꾸고 "실망시켜 미안해요. 저에게 칭찬하는 말을 해 주세요." 말하며 [소녀 우는 소리1]을 재생하며 [오른쪽을 보는 핑크돌고래]로 모양 바꾸기합니다.

전체 코드

작품 완성 파일명 : 37_칭찬하면 고래도 춤을춰요.ent

[묶음] 핑크 돌고래

```
시작하기 버튼을 클릭했을 때
마이크가 연결되었는가? 이(가) 될 때까지 기다리기
스페이스를 누르고 칭찬하는 말을 해 주세요. 을(를) 말하기
계속 반복하기
    만일 칭찬횟수▼ 값 = 5 (이)라면
        칭찬 미션 5개 성공!! 게임오버 을(를) 말하기
        소리 환호4▼ 1 초 재생하기
        모든▼ 코드 멈추기
```

```
스페이스▼ 키를 눌렀을 때
한국어▼ 음성 인식하기
음성을 문자로 바꾼 값 을(를) 학습한 모델로 분류하기
분류 결과 을(를) 말하기
만일 분류 결과가 칭찬▼ 인가? (이)라면
    소리 야호2▼ 1 초 재생하기
    칭찬횟수▼ 에 1 만큼 더하기
    4 번 반복하기
        오른쪽을 보는 핑크돌고래▼ 모양으로 바꾸기
        0.1 초 기다리기
        방향을 90° 만큼 회전하기
        왼쪽으로 서있는 핑크돌고래▼ 모양으로 바꾸기
        0.1 초 기다리기
아니면
    상처난 고래_2▼ 모양으로 바꾸기
    실망시켜 미안해요 저에게 칭찬하는 말을 해주세요 을(를) 말하기
    소리 소녀 우는 소리1▼ 1 초 재생하고 기다리기
    오른쪽을 보는 핑크돌고래▼ 모양으로 바꾸기
```

6장

공부를 즐겁게 게임으로 만들기

- 작품 **38** 세계 대륙 퍼즐 맞추기
- 작품 **39** 타자 연습게임
- 작품 **40** 티셔츠 사이즈 구하기

작품 38

세계 대륙 퍼즐 맞추기

난이도 ★☆☆☆☆ **주요기능** 도장찍기, 읽어주기

학습 목표
세계 지도 퍼즐 맞추기를 만들어 봅시다.
- [도장찍기] 기능으로 대륙 퍼즐을 맞출 수 있습니다.

만들 작품 미리보기

QR 코드
링크 주소 : https://youtu.be/5V1GFmZClm8

작품 계획하기

① [세계지도-유럽]은 대륙을 조각으로 갖고 있습니다. 스페이스 키를 눌러 대륙을 변경합니다. 위/아래 화살표 키를 누르면 크기를 조절할 수 있습니다. 마우스를 클릭하면 화면에 도장을 찍어 퍼즐 맞추기를 할 수 있습니다.

② [읽어주기] 기능을 활용하여 퍼즐 조각의 이름을 읽어 주어 학습할 수 있도록 합니다.

 **작품 만들기**   작품 완성 파일명 : 38_세계대륙퍼즐맞추기.ent

| 함께 만드는 강의QR 코드 | 링크 주소 : https://youtu.be/e5da16nY0A4 |

오브젝트 추가하기

1 [오브젝트 추가하기] 버튼을 클릭하여 [지도], [세계지도-전체], [세계지도-유럽] 오브젝트를 추가합니다.

 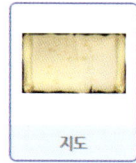 

오브젝트 수정하기

2 [세계지도-유럽] 모양 탭에서 [모양 추가하기]에서 [세계지도-아메리카], [세계지도-아시아], [세계지도-아프리카], [세계지도-오세아니아]를 추가합니다. 화면에 맞춰 오브젝트의 크기를 조절합니다.

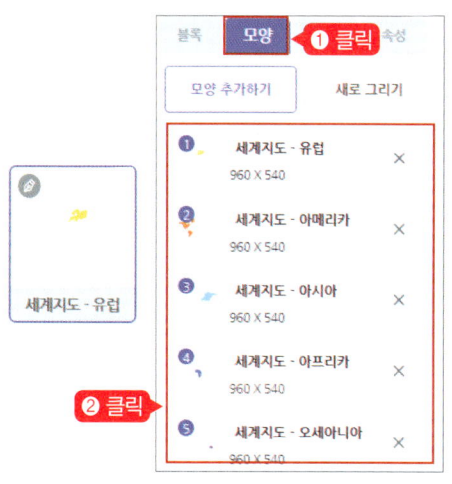 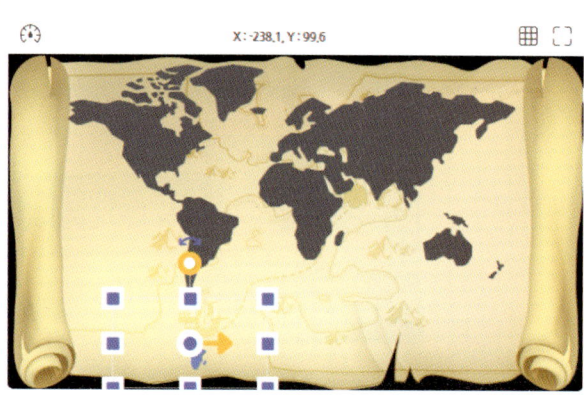

인공지능 기능 추가하기

3 블록의 [인공지능] 탭에서 [인공지능 블록 불러오기]를 클릭하여 [읽어주기]를 불러옵니다.

코딩하기

4 [폭탄] 오브젝트를 코딩합니다.

[시작하기 버튼을 클릭했을 때] 사용 방법을 말해줍니다. 계속해서 마우스포인터 위치로 이동시키며 위쪽/아래쪽 화살표 키가 눌렸을 때 크기를 증가/감소시킵니다.

[복제본이 처음 생성되었을 때] 화면 상단의 무작위 x좌표 위치로 이동시키고, Y값을 감소시키면서 떨어지도록 만듭니다.
아래쪽 벽에 닿으면 복제본을 삭제합니다.
[스페이스 키가 눌렸을 때] 대륙의 모양을 바꿔줍니다 모양 이름에 들어있는 값을 비교하여 대륙의 이름을 말해줍니다.

마우스를 클릭했을 때] 현재 모양으로 도장찍기를 해줍니다.

[d키를 눌렀을 때] 화면의 모든 도장찍기를 지웁니다

전체 코드

작품 완성 파일명 : 38_세계대륙퍼즐맞추기.ent

```
[시작하기 버튼을 클릭했을 때]
스페이스키를 눌러 대륙을 선택하세요 을(를) 2 초 동안 말하기
위/아래 화살표를 눌러 크기를 조절하세요 을(를) 2 초 동안 말하기
퍼즐을 맞추면 마우스를 클릭해 주세요 을(를) 2 초 동안 말하기
계속 반복하기
    마우스포인터 위치로 이동하기
    만일 <위쪽 화살표 키가 눌러져 있는가?> (이)라면
        크기를 10 만큼 바꾸기
        0.1 초 기다리기
    만일 <아래쪽 화살표 키가 눌러져 있는가?> (이)라면
        크기를 -10 만큼 바꾸기
        0.1 초 기다리기

[스페이스 키를 눌렀을 때]
다음 모양으로 바꾸기
만일 < (세계지도-유럽 의 모양 이름)에서 유럽 의 시작 위치 > 0 > (이)라면
    유럽 읽어주기
만일 < (세계지도-유럽 의 모양 이름)에서 아메리카 의 시작 위치 > 0 > (이)라면
    아메리카 읽어주기
만일 < (세계지도-유럽 의 모양 이름)에서 아시아 의 시작 위치 > 0 > (이)라면
    아시아 읽어주기
만일 < (세계지도-유럽 의 모양 이름)에서 아프리카 의 시작 위치 > 0 > (이)라면
    아프리카 읽어주기
만일 < (세계지도-유럽 의 모양 이름)에서 오세아니아 의 시작 위치 > 0 > (이)라면
    오세아니아 읽어주기

[마우스를 클릭했을 때]
도장 찍기

[d 키를 눌렀을 때]
모두 삭제합니다. 읽어주기
모든 붓 지우기
```

작품 39 타자 연습게임

난이도 ★★☆☆☆　　**주요기능** 읽어주기, 리스트, 복제

학습목표
● [읽어주기]를 활용하게 타자 연습할 단어를 읽어줍니다. ● [리스트]를 만들어서 타자 연습할 단어를 저장합니다. ● [글상자]를 복제하여 연습할 단어들을 화면에 여러 개 표시해 줍니다.

 **만들 작품 미리보기**　　QR 코드　링크 주소 : https://youtu.be/7eKWK72dx8Q

 작품 계획하기

① [리스트]를 만들어서 연습할 단어를 입력합니다.

② [단어] 글상자를 복제하여 랜덤하게 문제를 낼 수 있도록 화면 상단에서 하단으로 이동시킵니다.

③ 입력된 단어와 표시되는 단어가 맞으면 점수를 계산하고, 마지막에 결과를 표시해줍니다.

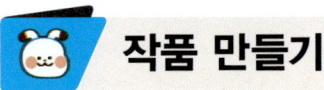 **작품 만들기**　　작품 완성 파일명 : 39_타자연습게임.ent

함께 만드는 강의QR 코드　링크 주소 : https://youtu.be/POklHrrZFHI

오브젝트 추가하기

1 [오브젝트 추가하기] 버튼을 클릭하여 [지도] 오브젝트를 추가합니다.

2 [오브젝트 추가하기] 버튼을 클릭하여 [글상자] 오브젝트를 추가합니다.

글상자 이름: 단어, 폰트:산돌 초록우산어린이체, 배경색: 없음 으로 입력합니다.

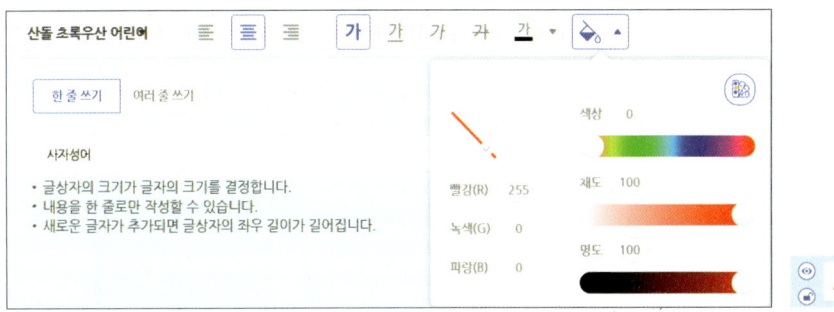

변수 추가하기

3 [속성] ➡ [변수] ➡ [변수 추가하기] ➡ [맞춘개수], [인덱스] 변수를 추가합니다.

신호 추가하기

4 [속성] ➡ [신호] ➡ [신호 추가하기] ➡ [득점] 신호를 추가합니다.

리스트 추가하기

5 [속성] ➡ [리스트] ➡ [리스트 추가하기] ➡ [단어장] 리스트를 추가합니다.

화면에 보이지 않도록 👁 클릭합니다.

소리 추가하기

6 [단어] 글상자 오브젝트를 클릭 한 후 [소리]탭을 선택하여 [정답], [가볍게 등장] 소리를 추가합니다.

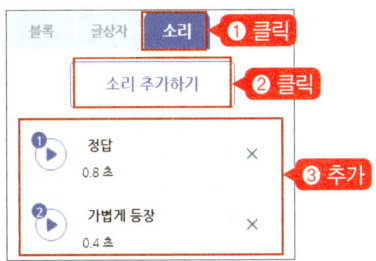

인공지능 기능 추가하기

7 블록의 [인공지능] 탭에서 [인공지능 블록 불러오기]를 클릭하여 [읽어주기]를 불러옵니다.

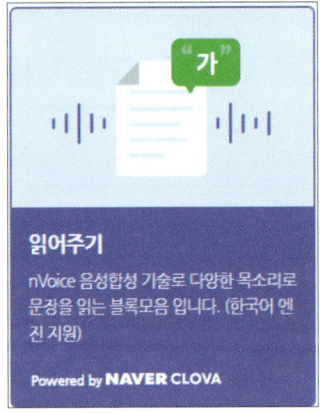

코딩하기

8 [단어] 글상자 오브젝트를 코딩합니다.

[시작하기 버튼을 클릭했을 때] 묻고 대답 기다리기를 반복해서 수행합니다.

[시작하기 버튼을 클릭했을 때] 묻고 대답 기다리기에 보이는 말풍선을 보이지 않도록 만든다.

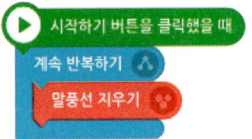

[시작하기 버튼을 클릭했을 때] 프로그램에 필요한 정보들을 초기화 합니다. 단어장 리스트의 총 항목수 만큼 글상자를 복제합니다.
리스트의 모든 단어가 검색된 후엔 정답여부를 표시해주고, 모든 코드를 멈춥니다.

[복제본이 처음 생성되었을 때] 리스트에서 하나씩 조회해서 글상자에 글 쓰고, 아래쪽 벽에 닿을 때까지 화면 상단에서 하단으로 이동 시킵니다.

화면에 표시되는 중엔 입력된 데이터값과 같은지 비교해서 맞춘 개수를 증가시켜 줍니다.

화면에서 사라지기 전엔 효과음을 출력해주고, 복제본을 삭제시킵니다.

6장_공부를 즐겁게 게임으로 만들기

전체 코드

작품 완성 파일명 : 39_타자연습게임.ent

작품 40 티셔츠 사이즈 구하기

난이도 ★★★☆☆   **주요기능** 데이터분석(숫자 kNN), 입출력

| 학습 목표 | 데이터분석의 테이블 [티셔츠 사이즈 예시 데이터] 값을 입력으로 인공지능 지도학습의 '분류:숫자 (kNN)' 기능을 활용해 봅니다.
데이터 분석을 통해 미래를 예측하는 알고리즘을 엔트리 프로그램에서 적용해 봅시다.
• 데이터분석 =〉[티셔츠 사이즈 예시 데이터]를 추가하고, 컬럼의 의미를 이해합니다.
• 인공지능 모델 학습의 '분류:숫자(kNN)'를 이용하여 적용할 모델을 만듭니다.
• 키와 몸무게를 입력하면 모델이 예측한 사이즈 정보를 표시해 줄 수 있습니다. |

 **만들 작품 미리보기**   QR 코드 링크 주소 : https://youtu.be/WtF6rEM2YNw

🐾 작품 계획하기

1 테이블 추가하기, 인공지능 모델 학습하기

2 [사이즈] 글상자 오브젝트에서 모델을 이용하기 위해 키와, 몸무게 정보를 입력 받습니다.

3 입력받은 정보로 적절한 사이즈를 예측해 줍니다.

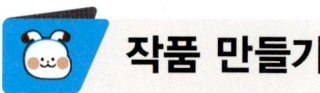 **작품 만들기**   작품 완성 파일명 : 40_티셔츠사이즈추천.ent

함께 만드는 강의QR 코드

링크 주소 : https://youtu.be/qt12rIRwHkQ

오브젝트 추가하기

1 [오브젝트 추가하기] 버튼을 클릭하여 [장롱], [소년(1)], [상의(1)] 오브젝트를 추가합니다.

2 [오브젝트 추가하기] 버튼을 클릭하여 [글상자] 오브젝트를 추가합니다.

이름:사이즈예측, 글자체:나눔스퀘어라운드체, 글자색:흰색, 배경색:없음

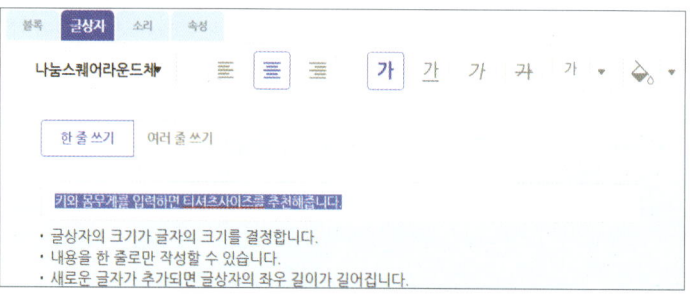 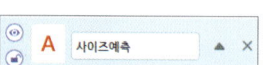

변수 추가하기

3 [속성] ➡ [변수] ➡ [변수 추가하기] ➡ [키], [몸무게], [예측사이즈] 변수를 추가합니다. 화면에 보이지 않도록 👁 클릭합니다.

신호 추가하기

4 [속성] ➡ [신호] ➡ [신호 추가하기] ➡ [예측성공] 신호를 추가합니다.

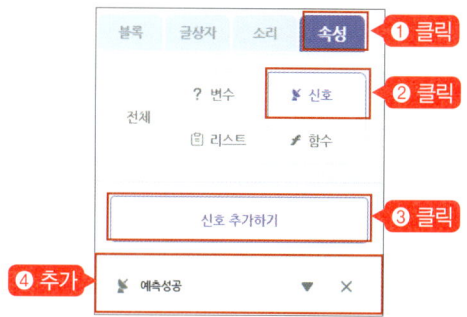

소리 추가하기

5 A 사이즈예측 오브젝트를 클릭한 후 [소리] 탭을 선택하여 [위험경고] 소리를 추가합니다.

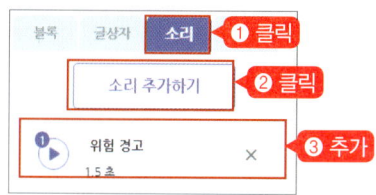

> **TIP** 인공지능 모델학습 [분류 : 숫자] 알아봐요
>
> 엔트리 인공지능 지도학습의 '분류:숫자(kNN)" 기능을 소개합니다.
> 테이블의 숫자 데이터를 가장 가까운 이웃(k개)을 기준으로 각각의 클래스로 분류하는 모델을 학습합니다.
> 테이블을 추가해 학습에 사용할 핵심 속성을 선택하고 분류하려는 클래스(속성)을 설정한 뒤 모델을 학습시키면 새로운 데이터를 입력했을 때, 그 데이터가 어느 클래스에 속하는지 분류할 수 있습니다
>
> **모델학습의 단계**
>
> 테이블 불러오기 ➡ 인공지능 모델 학습하기
>
> 테이블 추가하기 '분류: 숫자' 모델은 테이블의 숫자 데이터를 학습 데이터로 삼기 때문에 반드시 테이블을 먼저 추가해 주어야 합니다. 엔트리에 등록된 테이블을 사용할 수도 있고 공공데이터를 입력하거나 직접 데이터를 입력할 수도 있습니다.
> 인공지능=>인공지능모델학습하기 의 다음 알고리즘을 사용하여 데이터에 적합한 모델을 선택해야 합니다. 학습 결과 평가 항목에서 요소값을 비교하여 모델을 적용시킵니다.

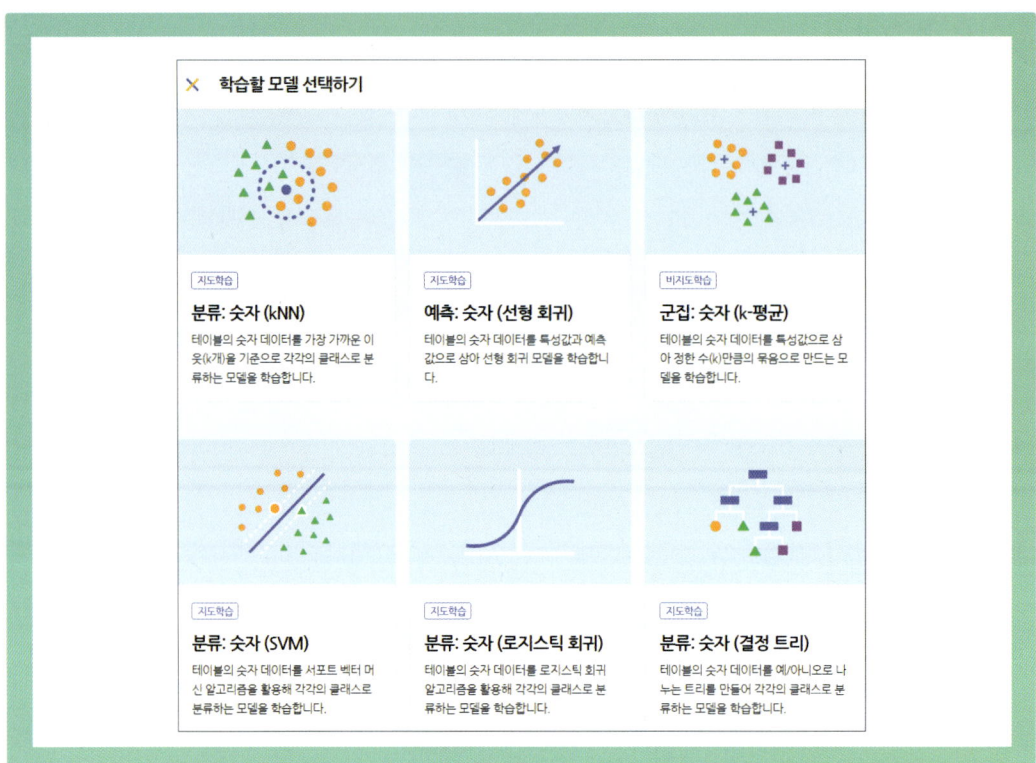

[테이블 불러오기]

❻블록의 [데이터분석] 탭에서 [테이블 불러오기]를 클릭합니다. [테이블 추가하기] 버튼을 클릭합니다.

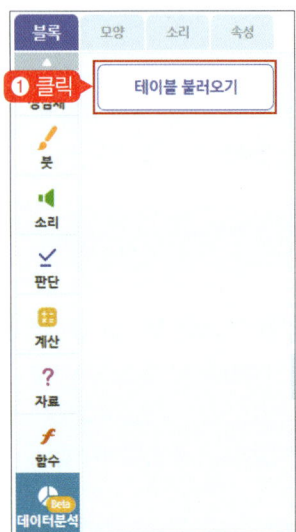

7 [티셔츠 사이즈 예시 데이터] 선택하고, [추가하기] 버튼을 클릭합니다.

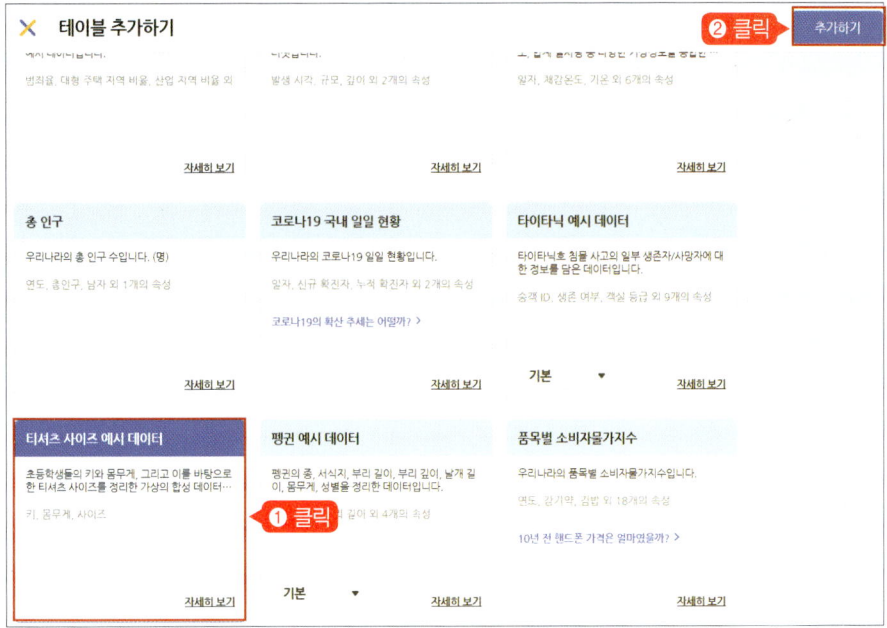

8 추가된 테이블을 확인하고, [적용하기] 버튼을 클릭합니다.

[인공지능 모델 학습하기]

9 블록의 [인공지능] 탭에서 [인공지능 모델 학습하기]를 클릭하여 [분류:숫자(kNN)]를 선택하고 [선택하기] 버튼을 클릭합니다.

10 숫자(kNN)모델 학습하기에 정보를 입력하고, [모델 학습하기] 클릭합니다.

이름:kNN티셔츠 / 데이터 입력:티셔츠 사이즈 예시 데이터 /핵심속성:키, 몸무게/클래스 속성 : 사이즈 / 이웃개수:15

⓫ 모델 학습이 완료되면, 결과화면에 핵심속성인 키와 몸무게를 입력하여 분류한 클래스 정보를 확인합니다. 평가를 클릭하여 모델의 성능을 확인합니다.

※ 학습조건을 변경해서 학습 후에 결과를 확인해 볼 수 있습니다.

⓬ [입력하기]  버튼을 클릭하여 모델을 적용합니다. 적용된 모델이 화면에 표시됩니다.

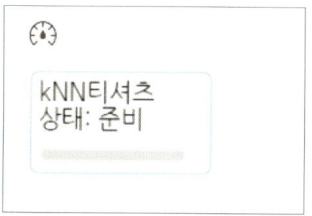

 코딩하기

13 [사이즈예측] 글상자 오브젝트를 코딩합니다.

[시작하기 버튼을 클릭했을 때] 키와 몸무게를 입력 받아 변수에 저장합니다. 모델 블록에 키, 몸무게를 입력해서 분류 결과를 얻습니다.
평소 입는 사이즈를 묻고, 예측된 사이즈와 비교하여 동일한지 체크해 줍니다.
결과가 동일한 경우 [예측성공] 신호를 보냅니다.
글상자는 사이즈 정보를 글쓰기하고, 소년 위치로 이동시킵니다.

14 [상의(1)] 오브젝트를 코딩합니다.

[예측성공] 신호를 받았을 때, 소년 위치로 이동하며, 결과를 말해줍니다.

전체 코드

작품 완성 파일명 : 40_티셔츠사이즈추천.ent

이 책을 이렇게 활용해 주세요.

선생님과 함께 하는 학교, 학원에서는

1️⃣ 미리보기 영상을 보고 작품 계획하기를 통해 아이들이 어떤 작품을 만들지 목표를 제시해 주세요.

2️⃣ 스스로 고민하고 만들어 볼 시간을 주세요.

3️⃣ **선생님의 설명**과 **책을 보며** 작품을 함께 만들어 보세요.

4️⃣ 나의 아이디어를 적용하여 창의적인 작품을 만들어 봅니다.

5️⃣ 친구들 앞에서 작품을 발표하는 시간을 주세요.

스스로 학습 또는 부모님과 함께 하는 가정에서는

1️⃣ 미리보기 영상을 보고 작품 계획하기를 통해 어떤 작품을 만들지 목표를 이해합니다.

2️⃣ 스스로 고민하고 만들어 볼 시간을 갖습니다.

3️⃣ **저자 직강 동영상**과 **책을 보며** 작품을 함께 만들어 봅니다.

4️⃣ 나의 아이디어를 적용하여 창의적인 작품을 만들어 봅니다.

5️⃣ 가족들 앞에서 작품을 발표하는 시간을 갖습니다.

추천 도서

만들면서 배우는
**인공지능 엔트리와
40개의 작품들 [2판]**
전진아, 김수연, 김종렬, 장문철 공저
328쪽 | 17,700원

초등부터 중등까지 한 권으로 끝내는
엔트리와 40개의 작품들 [2판]
김수연, 전진아 공저
278쪽 | 17,700원

**앱인벤터로 20가지 인공지능 앱 만들기
with ChatBot과 생성형AI [2판]**
김수연, 전진아, 장문철 공저
256쪽 | 18,800원

**인공지능 코딩 feat 엔트리와
ChatGPT**
이정은 외 공저 | 296쪽 | 21,000원

추천 도서

마이크로비트 IoT 사물인터넷 정복

이연곤 저 | 334쪽 | 18,800원

만들면서 배우는
지속가능한 인공지능 AI 18개 작품 만들기

{엔트리+엠블록+아두이노}+AI

박준원, 권은정, 권지선 공저 | 288쪽 | 16,600원

한 권으로 끝내는
아두이노 입문+실전(종합편) [전면 개정판]

기초부터 수준 높은 프로젝트까지

서민우 저 | 366쪽 | 22,000원

한 권으로 끝내는
아두이노와 파이썬으로 52개 작품만들기 [2판]

장문철, 박준원 공저 | 432쪽 | 22,000원